あたらしい憲法のはなし

付載七篇

叢書 風にそよぐ葦 *1*

宮沢俊義

三陸書房

本書について

一、本書は「あたらしい憲法のはなし」と、著者の学術論文のなかから憲法に関わる重要な論考と思われる七篇を抜き出して、ひとまとまりにした「付載」とから成ります。

一、「あたらしい憲法のはなし」は、昭和二二年六月一五日、朝日新聞社発行の刊本を底本としています。

一、本文中引用の法規、勅語等は、それぞれその原典と照合しました。

一、「日本国憲法」原典は旧字体・旧仮名づかいで書かれています。引用箇所の漢字については現在通行のものを用いましたが、仮名づかいは原典どおりです。ふりがなを現行かなづかいに拠って多めに付しました。本文のあとの一五九頁にある「日本国憲法」の一覧においては、「六法全書」等で見られる条文見出し等は付いていません。

一、本文中の（……）には、同大字で本文を補足説明するものと、小字での注とがあります。

一、外国の人名・国名のカタカナ表記を現在定着しているかたちに改めたほか、適宜本文中に〔　〕をもって割注を挿入しました。
一、各作品の執筆は永年にわたっていますので語の表記は様々です。著者は戦後、一段と平易な表現に意を用いていられたようなので、なるべくそれに添うよう整理しました。
以下一八五頁からの「付載」七篇の開始頁を示したあと、初出等について述べます。

・立憲主義　――一八七頁
一九二八年（昭和三）年三月三十一日義済会発行〈社会教育講習会講義録〉第十巻の『憲法大意』から、「第一章 社会、法、国家」につづく「第二章 憲法」の「（二）立憲主義」を抄出しました。当時著者は東京帝国大学助教授。この前年に我妻栄『民法大意』が同所から刊行されていました。

・民主制と独裁制　――一九三頁
一九三三年九月雑誌初出の際のタイトルは「民主政より独裁政へ―政治に於けるタブーの再生―」で、『中央公論』四八巻九号掲載、のち著書『転回期の政治』（一九三六年十二月、中央公論社刊）に収録、次いで著書『民主制の本質的性格』（一九四八年十月、勁草書房刊）

に「民主制と独裁制」と改題して収録。この主題に関連する、「独裁的政治形態の本質」（改題して「独裁制の本質的性格」）、「独裁制理論の民主的扮装」、「民主制と相対主義哲学」などが、この二冊の著書に収められています。

・憲法改正案に関する政府に対する質疑（貴族院における）――二六頁

出典の、著者論文集『憲法の原理』での、ここでは割愛した「まえがき」的記載によれば、「一九四六年（昭和二一年）八月二十六日、憲法草案が貴族院に上程されたとき、著者は、議員として、政府に対して質疑を行った。……その速記を、官報号外の第九〇回帝国議会貴族院議事速記録二四一頁ないし二四三頁から、転載する」とあり、「なお、〔　〕にかこまれた言葉は読者の便宜を考えて、あとから入れた説明である」とありましたが、今回本書収録に際してこれと同趣旨の説明を、【　】をもって二、三追加しました。ちなみに、「速記録がまちがっていると思われる場合もある」とあって、「たとえば、私はかならず『重要な一歩』とか、『完全なもの』とかいったはずであるのに、速記録には、すべて『重要なる一歩』、『完全なるもの』というふうになってい」た由。

・憲法改正と民主政治（抄）　――三三頁

一九四五年十一月から十二月にかけて法学部主催で開かれた三回連続講義「帝国憲法と民主政治」を改題して、一九四六年五月、帝国大学新聞社刊。出典の、著者死後出版の論文集『憲法論集』の「あとがき」で、編集にあたった芦部信喜教授は、「聴衆に多大の感銘を与えた公開講座での講義」と書いています。日本の民主主義理解に不可欠の論考ですが、わけても、「統帥権の独立」について語られた、「第三　憲法制定と民主政治思想　ウ憲法における反民主政治的要素」のひとくだりには目を見張らされます。

・日本国憲法生誕の法理　――六三頁

ポツダム宣言受諾にもとづく、「天皇の政治」の根本建前から「国民の政治」の根本建前へのコペルニクス的転回について、著者が提唱した八月革命説は学会では通説となりながらも、一方では今なお論議の的でありつづけているようです。雑誌初出は「世界文化」一九四六年五月号で、『コンメンタール　日本国憲法』（日本評論社）の別冊附録に多くの重要資料とともに収まって後、出典の、著者論文集『憲法の原理』収録。

・憲法の正当性ということ　――三七頁
「ジュリスト」一九五七年一月号掲載。出典の、著者論文集『憲法の原理』所収。公法学会で行われた明治憲法復原論のなかで「名を正す」という表現が使われたことがありました。著者はこの表現に着目して、そもそも憲法の「名」とはどういうものか、これは法哲学の根本問題のひとつであるとして考察を進めます。よくおこなわれる「押しつけ憲法」、「日本国憲法は素性が怪しい」論への反論になると、樋口陽一氏と小林節氏は、『憲法改正の真実』（集英社新書）で語り合っています。

・科学の価値〈憲法二十年――私の評価〉　――三六頁
雑誌「世界」の「特集」に寄せた稿、一九六七年六月号掲載。「科学または学問の研究という職業」を選択した著者は、科学の人間社会における効用を語りつつ、「科学の自由」の確立こそが人間の幸福に寄与するとして、そのことを明示すべく、明治憲法と日本国憲法との比較をおこなう。文末近く、それまでとは調子の変った「日本国憲法は戦争の子です。……」という文が現れ、万感こもるフォルティッシモの高まりを見せます。

（編集部）

はしがき

憲法というものは、いままではとかく法律家や政治家だけが知っていればいいものと考えられていた。しかし、国民主権の新憲法のもとで、ほんとうの民主政治を行うためには、全国民のひとりひとりが、じゅうぶん憲法を知っている必要があることに、少年少女の皆さんにはぜひ知っておいてもらわなくてはならない。日本の将来をしょって立っているのは、いうまでもなく、皆さんである。その皆さんが新憲法の精神をよく腹に入れておいてくれなくては、日本の民主政治の将来は心細い。

私はこの本で、新憲法に何が書いてあるかを、できるだけ誰にもわかるように書こうとしてみた。私は、とりわけ全国の少年少女の皆さんに読んでいただきたいと思って書いた。新憲法はやさしい口語体で書いてはあるが、いろいろなわかりにくい言葉が使ってあるので、説明しにくいところが多かった。だから、この本は読んであまりわかりよくもなく、またおもしろくもないかも知れない。しかし、日本がこののち、生きていくためには、民主政治を行うことが必要であること、そして民主政治を行うためには、新憲法をじゅうぶん理解し、それによってこれからの政治をやっていくことが必要であることを考えて、どうか、がまんして読んでいただきたい。皆さんが新憲法の精神をよくのみこみ、やがてそれを政治の実際のうえに生かしていくようにするならば、私どもの日本の行先には、平和で幸福な生活が待っているにちがいない。

昭和二十二年（一九四七年）三月

宮沢俊義

もくじ

もくじ

憲法とは何か

憲法とは、ひとくちでいえば、国家の政治の規則を書きあらわしたものである。たとえば、法律はどうして作るか、裁判は誰がするか、税金はどういうふうに集めて、そしてそれを何に使うか、というような規則を、文章に書きあらわしたものが憲法である。

会社や組合には、定款《ていかん》とか規約とかいうものがある。これは、会社や組合がその仕事をするにあたって必要な規則を、書きあらわしたものである。誰がその会社や組合を代表して仕事をするか、その仕事はどんなだんどりでなされるか、ということは、すべて定款や規約できまっている。つまり、定款や規約は会社や組合の憲法である。

むかしは、どこの国にも憲法というものはなかった。政治の規則は、はっきりと文章に書きあらわしてなかった。日本では、推古天皇の時代に、聖徳太子が憲法十七条をお定めになった(西暦六〇四年)が、この憲法というものは、だいたいは役人の心得のようなもので、政治の規則を書きあらわしたものではなく、いま私どもが憲法というものとは、だいぶ違ったものであった。

ところが、世の中がすすむと、政治のやりかたが、だんだんこみいってくる。それに、国民の自由や権利をたいせつにして、政府がむやみにこれを妨げてはいけないということになり、国民がいろいろと政治に口を出しはじめ、国民の代表者が議会に出るようになってくると、どうしても、政治のやりかたをはっきり文章に書きあらわしておくことが、必要になってくる。そこで、どこの国でも、だんだんと憲法を作るようになってきた。

憲法はどこで生れて、どうひろまったか

世界でいちばんはじめに憲法をこしらえたのは、北アメリカの国々である。十八世紀のおわりのころ、北アメリカの大西洋の岸に十三のイギリスの植民地ができていた。植民地というのは、本国とは違ったやりかたで治められている地方で、たいていい本国から遠く離れており、住んでいる人の生活ぶりも本国とはたいへん違っている。

この十三の植民地は、どれもみなヨーロッパから、はるばる海を越えて、新大陸へわたったイギリス人が、こしらえたものであった。ところが、そのころのイギリスの政府は、自分のことばかり考えて、少しも植民地のためを思わず、いろいろな悪い法律を作り、高い税金を取りたてて、植民地の人民を苦しめた。植民地の人た

ちは、そういう悪い政治をやめてくれるように、いっしょうけんめいに本国の政府に頼んだが、どうしても聞いてくれない。そこでそれらの植民地は、しかたなしに、イギリスからはなれて新しく十三の独立な国家を作ることになった。これがアメリカの独立という世界の歴史に名高い事件である。

十三の植民地の人民の代表者は、フィラデルフィアに集まって、一七七六年七月四日に独立宣言というものを定めた。これはそれら十三の国々が、もはやイギリスの植民地ではなくて、それぞれ独立の国家であることを世界にむかっていいあらわした文章である。

この独立宣言は、十八世紀このかた世界にひろまった自由主義や民主主義の考えを知るうえに、非常にたいせつなものであるから、そこに書いてあることの主なものを、かんたんに説明しておこう。その中にはだいたい、次のような、政治についての考えが書いてあった。

(一) すべての人間は生れながら平等にできている。

(二) すべての人間は生れながら生命の権利や、自由の権利や、幸福を求める権利をもっている。

(三) 政府というものは人間のこれらの権利を守るために、人民の意志にもとづいて、できているものである。

(四) 政府がもしそれらの権利を守らず、そのじゃまをするようになったら、人民はそういう政府をやめさせて、べつにいい政府を作ることができる。

こういう考えは自由主義という考えである。つまり、できるだけ国民の自由をたいせつにし、そのじゃまをしないような政治を行おうとする考えである。また、国民がみずから政治を行う民主主義という考えもここから出てくる。現在、世界の多くの文明国で行われている民主政治のもとになる考えは、つまりこれなのである。

これらの十三の国々は、イギリスから独立して一人前の国家となるとともに、それぞれ憲法をこしらえた。これらの国々には、すでにそれ以前から憲法のようなものがあるにはあったが、そのころはそれらの国はまだ独立な国家でもなかったし、また、その憲法のようなものも不完全なもので、ほんとうの憲法ではなかった。だから、独立するとともにはじめて憲法らしい憲法をこしらえたのである。これが世界でいちばんはじめの憲法だといってよろしい。

このときにできたアメリカの国々の憲法は、どれもいま説明した独立宣言と同じ考えでできていた。どの憲法も、人間が生れながらたいせつな権利（これを基本的人権という）をもっていること、政府というものはそれを守るためにできていること、したがって人民が主権をもっていること、をはっきり定めていた。

十三の国々は同盟してイギリスと戦ったが、そのひとつひとつが小さな独立の国家でがんばっていると、全体のまとまりがわるく、いろいろとつごうのわるいことが多いので、とうとうみんながいっしょに結び合ってひとつの国家を作ることにした。そして一七八七年に十三の国々の代表者が集まって相談して、アメリカ合衆国という国家をつくることにきめ、その憲法をこしらえた。今日のアメリカ合衆国とアメリカ合衆国憲法は、このときにできたのである。

ヨーロッパではフランス革命のときに、一七八九年に人権宣言というものができた。これはアメリカの国々の憲法にならって、いろいろな基本的人権（すべての人間が生れながらもっている権利）を国家や政府がじゃましてはならないことをきめたものである。その後に一七九一年にフランスの憲法ができ、この人権宣言はその中に組み入れられた。これがヨーロッパではじめての憲法である。

フランスで憲法ができると、そのほかのヨーロッパ諸国でも、これにならってだんだん憲法を作るようになった。一七九一年のフランスの憲法は、ほかの国々に大きな影響を与えた。フランスではその後、なんどもなんども憲法が変ったが、その中でも一八一四年の憲法や、一八三〇年の憲法や、一八四八年の憲法が有名である。一八七五年の憲法は近くまで行われていたが、第二次世界戦争のあとでそれに代って新しい憲法ができた。ほかの国々の憲法では、一八三〇年のベルギーの憲法や、一八五一年のプロイセンの憲法がとりわけ名高い。日本でもこれらの憲法は明治のはじめからよく研究されていた。

こういうわけで十九世紀のおわりになると、世界の主な国家はみな、憲法をもつようになった。日本も、後でのべるように、一八八九年（明治二十二年）には憲法をこしらえた。十八世紀のおわりにアメリカで憲法ができてから、わずか百年ほどのあいだに、憲法は世界じゅうにひろまってしまった。

ただ、イギリスだけは憲法を作らなかった。いまでもイギリスには憲法はない。イギリスにはもとから成文法（文章で書きあらわした法）というものが少く、むかしからのならわしや、しきたりが、そのまま法律として守られている。そういう法律を慣習法とか不文法とかいう。イギリスはいまでも慣習法の国であり、不文法の国である。政治のやりかたも、むかしからの慣習法で、きちんときまっている。だから、イギリス人は、政治の規則を文章に書きあらわして、憲法を作ろうとしないのである。

イギリスのほかの主な国家は、いまはどれもこれもみな憲法をもっている。憲法の元祖アメリカはもちろん、フランスも、オランダも、スウェーデンも、ノルウェーも、ソヴィエト連邦も、中央アメリカや南アメリカの国々も、どこにも憲法ができている。お隣の中華民国でも、ついこのあいだ、新しく憲法ができた。

日本で憲法はどうしてできたか

日本でも西洋の国々にならって憲法を作ろうという考えが、明治のはじめからあった。

明治七年（一八七四年）ごろ、すでに左院《さいん》という役所では憲法を作る用意をしていた。左院は明治八年になくなって、その代りに元老院ができたが、明治九年の九月には、明治天皇はそのときの元老院の議長熾仁《たるひと》親王をお召しになって、「このたび世界の国々の憲法を参考として、日本の事情に合うような国憲を定めようと思うから、その草案をこしらえよ」とお命じになった。そのとき天皇は熾仁親王にイギリスのトッドという学者の書いた憲法政治の本をお渡しになって、それを参考にせよとおっしゃったという話である。国憲というのは憲法のことである。そのころは憲法のことを国憲といったのである。そこで元老院は世界各国の憲法を研究し、それを参考にして憲法の草案を作りあげ、明治十三年に天皇のお手許にさし出した。

この憲法草案は、一八三〇年のベルギー憲法や一八五一年のプロイセン憲法にならったものであったが、まだふじゅうぶんだというので、明治十五年(一八八二年)には伊藤博文をヨーロッパへやって、憲法のことをしらべさせることになった。伊藤はおもにドイツの国々の憲法を研究した。グナイストとか、シュタインとかいうような、そのころのドイツやオーストリアの名高い学者の教えもうけた。伊藤はなぜとくべつにドイツばかり研究したかというと、そのころドイツでは君主の力がたいへんに強く、議会の力はイギリスやフランスほど強くなかったので、日本の参考にするには、イギリスやフランスよりはドイツのほうがいいと考えたからである。伊藤は日本で議会が、イギリスやフランスの議会のように強くなっては困ると考え、憲法を作るばあいに、なるべく議会の力を弱くしておきたいと思っていた。伊藤だけではない。そのころの日本の政府の人たちは、みんな、そう考えていたのである。

伊藤は明治十六年に日本に帰った。そして、いろいろな用意をととのえたのち、井上毅《こわし》、伊東巳代治《みよじ》および金子堅太郎《けんたろう》の三人に手伝わせながら憲法の草案を作った。草案は明治二十一年（一八八八年）の春にできあがった。そこで新しく枢密院という会議をこしらえて、それに草案をかけて、意見をたずねることにした。枢密院はその年の五月から翌年の二月にかけて、明治天皇の御前で数十回の会議を開いて、これを熱心に研究した。そこで伊藤の書いた草案が、いろいろに修正された。枢密院の会議がおわると、天皇はこれをおとりあげになり、明治二十二年（一八八九年）二月十一日の紀元節に日本ではじめての憲法が、官報で公布されることになった。

この憲法の正式の名前は「大日本帝国憲法」という。明治時代にできた憲法だから、明治憲法ともいう。それは第一回帝国議会の開会の日、すなわち、明治二十三年（一八九〇年）十一月二十九日から行われた。

外国の憲法をみると、君主が作った憲法もあるし、国民の代表者が作った憲法もある。前のものを欽定憲法といい、後のものを民定憲法という。明治憲法は明治天皇が政府や枢密院の意見をおたずねになったうえで、お作りになった憲法であるから、欽定《きんてい》憲法である。

明治憲法はどんなものであったか

民主主義という考えは、日本では明治のはじめに芽生えていた。これからの政治の向うべき方向は民主主義でなくてはならないという考えが、きわめてうすうすながら、そのころ、もう生れていた。西洋の議会の話も、おぼろげながら日本に伝わっていた。

国民の選ぶ代表者でできた議会をこしらえなくてはいけないという意見、つまり、民選議会設立論は明治十年頃までには多数の国民の意見となっていた。アメリカの独立宣言にあらわれたような、はっきりした自由主義や民主主義の考えも、かなりひろまっていた。

明治憲法は、こういう民主主義的な意見を満足させようとして、それまでの日本になかった新しい制度や規則をいろいろ設けた。

まず帝国議会を設けた。帝国議会は貴族院と衆議院に分かれたが、衆議院の議員はすべて国民から選挙された。そして、法律や予算は必ず帝国議会にかけなくてはならないこととした。したがって、国民の代表者で組織する衆議院がうんといわなければ、法律もできず、予算もできない。法律や予算ができなくては、政治をやっていくことができなくなるから、どうしても国民の気持が政治のうえに反映するようになるという仕組みである。

天皇はそれまでどおり、統治権の総攬者（国を治める力を全部もっている人）として政治上の大きな力をもっていらっしゃったが、明治憲法は国務大臣というものを置き、天皇の政治に関する行動は必ず国務大臣の輔弼《ほひつ》によらなくてはならないことにした。国務大臣の輔弼によるとは、国務大臣の意見にもとづくということである。こうすれば、天皇がただひとりで勝手に政治をなさることができなくなるし、また国務大臣は、ある程度においてではあったが、政治道徳のうえで議会にたいして責任を負っていたから、天皇の活動についても、国務大臣をとおして、不完全ながら民主的な責任がみとめられることになった。

司法権は裁判所が行うことにした。裁判所は政府からも、議会からも、干渉されることなく、まったく独立に活動すべきものとし、そのために裁判官は、ふつうの官吏と違って、むやみに首をきられないこととした。裁判官が独立でなく、えこひいきの裁判をするようになったら、国民の自由や権利は少しも保護されないことになるからである。

明治憲法はさらに、国民の自由や権利をしっかり保障しようとした。そして、身体の自由や、言論の自由や、信教の自由は、むやみに制限すべきものではないと定めた。

明治憲法は一方において、かように明治のはじめこのかた、次第に有力になってきた民主主義の考えをとりあげると同時に、他方において、そういう民主主義に反対する考えをも、そうとうにとり入れた。その当時は民主主義の考えも強かったが、それに反対の考えも決して弱くはなかった。そこで明治憲法は、右にのべたような民主主義的な制度や規則を定めると同時に、民主主義をおさえるような制度や規則を定めることを忘れなかった。

帝国議会でいうと、衆議院とならんで貴族院を設けた。衆議院の議員は国民から選挙されるが、貴族院の議員はそうではない。その一部は華族がその仲間のうちから選挙した（華族議員）。ほかの一部は政府が自由に任命した（勅撰議員）。またほかの一部は、少数の金持ちがその仲間のうちから選挙した（多額納税者議員）。どれもひろく国民から選ばれたものではなく、民主的な議員ではなかった。なんのために、衆議院のほかにそういう貴族院をわざわざ設けたかというと、国民の代表者だけでできている衆議院が、あまり強くなりすぎないように、貴族院にそれをおさえさせようというのである。民主的でない貴族院に、民主的な衆議院をおさえさせようというのである。

帝国議会は法律や予算をきめる力をもっていたが、議会がうんといわないと、絶対に法律や予算ができないということになると、議会が強くなりすぎ、政府が弱くなりすぎるおそれがある。そこで明治憲法は、政治上の必要があるときは議会にかけずに、法律や予算の代用品を作ることができるようにした。だから、議会がぐずぐずいっても、政府は必ずしも、すぐにそのいうなりになってしまわなくともよかった。政府は民主的な議会をおさえるだけの力を与えられていた。

また、天皇の活動は必ず国務大臣の輔弼によらなくてはいけないことにしておきながら、軍隊については天皇は国務大臣の輔弼をうけないことにした。これが統帥権の独立という原則である。この原則の結果、軍隊については国務大臣をとおしての民主的な責任というものはみとめられないことになり、陸軍や海軍が天皇の名でどんな勝手なことをしても、帝国議会はもちろん、内閣もただ指をくわえて見ているだけで、少しでも文句をいうことはできなかった。軍隊は内閣の外にあって、もちろん内閣のいうことは聞かない。しかも軍隊は戦争のための訓練だけしていたわけではなく、いろいろと政治にくちばしを入れた。日本には内閣という政府のほかに、もうひとつ軍隊という政府があるというので、二重政府という悪口をいわれたのは、このせいである。

明治憲法の国民の自由や権利にたいする保護も、じつは必ずしもじゅうぶんではなかった。言論の自由も、身体の自由も、法律の範囲内でこれを保障すると定めていたから、法律できめさえすれば、それらの自由をいくらでも制限できるわけであったし、また事実、戦争中は法律でそれらを大々的に制限した。また、政府が法律によらないで、それらの自由を制限したとしても、すぐ裁判所へ訴えるというわけにもいかなかった。

こういうわけであるから、明治憲法には民主的なところもあったが、同時に反民主的なところもあった。明治憲法ができる前の時代にくらべると、それができてから日本の政治はずっと民主的になったが、しかし、その民主的な程度はまだごく不完全なものであった。

明治憲法はどう育って来たか

明治憲法はよく「不磨の大典」だといわれた。「不磨の大典」というのは明治憲法が公布されたときの勅語の中にある言葉で、変らない大法という意味である。もちろん、絶対に変らないという意味ではない。げんに明治憲法の中にそれを改正するときはどういう手続でやるかということが、ちゃんときめてある以上、ほんとうにその必要が起れば、「不磨の大典」でも改正されるのは当り前である。しかし、明治憲法をこしらえた人たちは、それを「不磨の大典」としてなるべく変えずにおきたかった。事実、このたびの戦争がおわるまでは、とくに改正する必要も起らなかったので、一度も改正されたことはなかった。

明治憲法はこういうふうに、長いあいだ少しも改正されなかったが、その実際の動きは決して変らなかったわけではなく、そうとうに変っている。

明治憲法が行われるようになってから、まずはじめは民主的な議会と反民主的な政府が、たがいに強く争った。政党が発達して衆議院にたくさんの議員を送っていたので、その政党と政府との争いがはげしかった。

ところが、議会と政府は明治三十年（一八九七年）ごろから、だんだん妥協するようになった。そして、政府はむやみに議会をないがしろにせず、議会の政党と手を握るように努めた。それにつれて議会の力が少しずつ強くなり、明治憲法のうちの民主的な要素がだんだん強くなった。

やがて政党内閣ができるようになった。大正時代には政党の力はたいへん強くなり、そのおわりには内閣はすべて政党内閣ということにきまった。そして、大正のおわりから昭和のはじめにかけては政党内閣ばかりがつづいた。

ところが、昭和になってから、反対の力が強くなりはじめた。軍部がだんだん政治に手を出すようになった。そして、それにつれて議会の力は衰えはじめた。五・一五事件（一九三二年）とか、二・二六事件（一九三六年）とかいう血なまぐさい事件がつづいて起り、そのたびに軍部の独裁的勢力が強くなった。とうとうしまいには、政党はみんな解散させられてしまい、議会は政府のいうことを聞いて、ただ拍手するだけのものになってしまった。政治はすっかり軍部の手に握られてしまった。

かようにして明治憲法の中に、きわめてわずかながら、含まれていた民主的な要素はすっかり死んでしまったと思われたときにポツダム宣言の受け入れが行われ、ここでまた舞台は百八十度まわることになったのである。

新憲法はどうしてできたか

明治二十二年から半世紀以上ものあいだ少しも改正されず、「不磨の大典」でとおってきた明治憲法も、とうとう今度は、全面的に改正される運命になった。そういう運命をもたらしたものは、いうまでもなく、このたびの敗戦である。

昭和二十年（一九四五年）の八月、日本は連合国にたいして降服し、ポツダム宣言を受け入れた。ポツダム宣言は日本が民主政治を行い、平和国家として生れかわることを求めている。この求めに応じて日本の政治を思いきって民主化し、軍国主義や全体主義をきれいに洗いおとしてしまうためには、明治憲法を捨てて、新しく憲法を作りなおすことが必要である。明治憲法も、いま説明したように、そうとうに民主的にはできていたのであるが、軍国主義や全体主義の力が強かったために、すっかり血なまぐさいものになってしまった。その血のよごれをとりのぞくためには、どうしても、明治憲法という古い着物をぬぎすてて、新しい着物に着かえなくてはならない。こういう意見が国民のあいだで有力になった。

そこで政府（幣原内閣）は、昭和二十年（一九四五年）の十月に、憲法改正の仕事に手をつけはじめた。憲法の改正に政府が手をつけたのは、明治憲法はじまってこのかた、これが最初である。このとき松本国務大臣がその仕事の中心となり、学者や役人をあつめていっしょに研究した。はじめは政府も明治憲法を少しばかり改めようという考えのようであったが、研究しているうちに、民主政治を思いきって実行するためには、どうしても明治憲法全体を改めなくてはならないということが、わかってきたので、その全体を書き改めることになった。そして、できあがった結果を、政府は昭和二十一年（一九四六年）三月六日に、憲法改正案要綱という形で発表した。これは新しい憲法の筋書ともいうべきものであるが、それをさらに、きちんと条文の形にととのえたものを、四月十七日に発表した。これが政府の憲法改正草案である。

明治憲法の規定によれば、憲法を改正するときは、まず政府が改正草案をこしらえ、それを天皇にさし出す。天皇がこれでいいとお考えになったら、これを枢密院にかけ、その意見を聞いたうえで、帝国議会に出す。議会では、貴族院でも衆議院でも、全体の議員の三分の二以上が出席したうえで、その三分の二以上の多数で可決したら、そこで議会をパスしたということになる。そのうえで改めて天皇がこれを裁可し、官報で公布するという順序になる。

そこでこの順序に従って、政府のこしらえた改正草案は天皇にさし出され、つづいて枢密院にかけられた。枢密院の中には反対の意見もあったようであるが、多数はそれに賛成した。そこでその草案は六月二十日に衆議院に出された。衆議院は二カ月かかってそれをしらべた。そして、少数の反対者はあったが、多数はこれに賛成した。ただ、それにいくらかの修正を加えた。そこで改正案はさらに貴族院へまわった。貴族院は一カ月半ほどかかってこれをしらべた。やはり少数の反対者はあったが、多数はこれに賛成した。ここでもいくらかの修正が加えられたので、もういちど衆議院へもどされたが、衆議院もこれに賛成したので、政府の憲法改正草案はここで、無事に帝国議会をパスすることになった。十月七日のことであった。天皇はふたたび枢密院の意見をお聞きになったうえ、その改正案を裁可せられた。かくて、十一月三日の明治節に官報で公布されたのが新憲法である。
新憲法が公布された日には、議会で記念式が行われた。天皇はその式にお出ましになり、次のような勅語をたまわった。

本日、日本国憲法を公布せしめた。

この憲法は、帝国憲法を全面的に改正したものであつて、国家再建の基礎を人類普遍の原理に求め、自由に表明された国民の総意によつて確定されたのである。即ち、日本国民は、みづから進んで戦争を放棄し、全世界に、正義と秩序とを基調とする永遠の平和が実現することを念願し、常に基本的人権を尊重し、民主主義に基いて国政を運営することを、ここに、明らかに定めたのである。

朕《ちん》は、国民と共に、全力をあげ、相携へて、この憲法を正しく運用し、節度と責任とを重んじ、自由と平和とを愛する文化国家を建設するやうに努めたいと思ふ。

新憲法がどういう理想を目ざしているか、何を目的としているか、ということは、この勅語ではっきりいいあらわされている。

新憲法は公布された日から六カ月たって実際に行われることになっている。だから、昭和二十二年（一九四七年）五月三日から明治憲法に代って、新憲法が行われる。そのときから、日本の政治はすべて新憲法の定める規則に従って行われるわけである。

新憲法の名前

新憲法のほんとうの名前（表題）は、「日本国憲法」というのである。明治憲法にくらべて新しい憲法だから、ふつうには「新憲法」と呼んでいる。

明治憲法のほんとうの名前は、「大日本帝国憲法」というのであった。「大日本帝国」という言葉は、なんだかいやにいばっているようでもあるし、それになんとなく固苦しい。もっとやわらかく、さっぱりした名前に改めたほうがいいというので、新憲法の名前は「日本国憲法」にしたのである。

新憲法の組み立て

新憲法を見ると、いちばんはじめに「日本国憲法」という名前（表題）が書いてあって、その次に前文という文章がある。「前文」はゼンブンと読んでも、マエブミと読んでも、どちらでもいい。条文の前にある文章という意味である。

前文につづいて条文がある。第一条から始まって第百三条まである。明治憲法の条文は全体で七十六カ条しかなかった。しかも、ひとつひとつの条文もわりに短かったから、明治憲法は全体としてたいへん簡潔にできていたといえる。それにくらべると、新憲法は条文の数も多いし、ひとつひとつの条文も明治憲法にくらべると長い。全体としてずっとくわしくできている。

明治憲法の条文は、次のような七つの章に分かれていた。

第一章　天　皇
第二章　臣民権利義務
第三章　帝国議会
第四章　国務大臣及枢密顧問
第五章　司　法
第六章　会　計
第七章　補　則

新憲法の条文は、次のような十一の章に分かれている。

第一章　天　皇
第二章　戦争の放棄
第三章　国民の権利及び義務
第四章　国　会

第五章　内　閣
第六章　司　法
第七章　財　政
第八章　地方自治
第九章　改　正
第十章　最高法規
第十一章　補　則

これから前文や、これらのひとつひとつの章について、かんたんに説明しようと思う。

新憲法の文章

新憲法のひとつひとつの章について説明するまえに、ひとこと、その文章の話をしておきたい。

昭和二十一年四月に、はじめて政府の憲法改正草案の条文がおおやけにされたとき、それを読んだ人は誰でもその文章にびっくりした。それが、ひらがなまじりの口語体（である調）で書いてあったからである。口語体の法律などというものは、それまでは誰も見たことがなかったのである。

日本では法律というものは明治このかた、かたかなまじりの文語体で書くことにきまっていた。ところが、かたかなまじりの文語体というものは、どうも固苦しくて、民衆に親しみにくい。たとえば、「日本臣民ハ法律ニ定メタル裁判官ノ裁判ヲ受クルノ権ヲ奪ハル、コトナシ」（明治憲法第二四条）とか、「司法権ハ天皇ノ名ニ於《おい》テ法律ニ依リ裁判所之《これ》ヲ行フ」（明治憲法第五七条）とかいう文章は、なんとなく感じが官僚的で、一般の民衆とは縁が遠くなりがちである。そこで、これを改めて、やさしい口語体で書くほうがいいと考える人が、だんだん多くなって来た。世間の新聞や雑誌の文章も、はじめは文語体だったが、大正時代あたりには、もうたいてい、口語体になった。それでも、法律だけはなかなか口語体にならなかった。法律が口語体では、なんだか安っぽくていけない、などという意見がまだまだ強かった。

しかし、ほんとうの民主主義の政治を行うためには、法律がすべての国民にとってわかりやすく、親しみのあるものにならなくてはいけない。それにはどうしても、その文章を口語体に、国民が誰でもらくに読める口語体に改める必要がある。明治憲法の前文は、「朕《ちん》祖宗ノ遺烈ヲ承《う》ケ万世一系ノ帝位ヲ践《ふ》ミ朕カ《（が）》親愛スル所ノ臣民ハ即チ朕カ《（が）》祖宗ノ恵撫慈養シタマヒシ所ノ臣民ナルヲ念《おも》ヒ其《そ》ノ康福ヲ増進シ其ノ懿徳《いとく》良能ヲ発達セシメムコトヲ願ヒ又其ノ翼賛ニ依《よ》リ与《とも》ニ倶《とも》ニ国民ノ進運ヲ扶持《ふち》セムコトヲ望ミ……」という調子ではじまっているが、こういう文章では国民に親しまれるはずがない。そして、法律が国民に親しまれないようでは、民主主義の政治を行うことは、とてもできない。

そこで政府は、新憲法の草案をこしらえるときに、それまでのやりかたを、思いきって改め、その文章を口語体にした。また、かなも、かたかなは感じが固苦しいので、これをやわらかいひらがなに改めた。新憲法の前文は「日本国民は、正当に選挙された国会における代表者を通じて行動し……」というぐあいに書いてあるが、これをさきにのべた明治憲法の前文の文章とくらべてみれば、新憲法のほうが、ずっと民衆的になっている。

新憲法がひらがなまじりの口語体で書いてある以上、これから新しくできる法律はすべて、ひらがなまじりの口語体でなくてはいけない。新憲法の草案がおおやけにされると、まだ新憲法ができあがらないうちから、議会でできる新しい法律は、みんな口語体になってしまった。新憲法ができあがってからのちは、なおさらのことである。もう何年かたつうちに、日本の法律は全部、ひらがなまじりの口語体になってしまうだろう。

法律がわかりにくい文語体で書いてあったあいだは、専門の法律家でないとよくわからないことが多かったが、こんどからは法律の文章も、新聞や雑誌の文章と同じように、ひらがなまじりの口語体になるから、ふつうの教育をうけた人なら誰でも、わかるようになるにちがいない。これは、まことによろこばしいことである。法律は私たち国民の代表者が作るのであり、間接に私たち自身で作るのであるから、それは国民が誰でも使うような、やさしい言葉で書く必要がある。口語体では安っぽいなどと考えるのは、たいへんなまちがいである。

前文

新憲法の前文には、いろいろな日本の政治の大きな規則が書いてある。

第一には国民主権ということである。国民主権というのは、主権が国民にあるということである。主権とは国の政治のいちばん強い力ということで、主権が国民にあるとは、政治のやりかたは、すべて国民がきめるということである。前文には「日本国民は……ここに主権が国民に存することを宣言し」と書いてあるが、これは国民主権の意味である。また「そもそも国政は、国民の厳粛な信託によるものであって、その権威は国民に由来し」とあるが、これも同じ意味である。日本の政治をどういうふうに行うべきか、ということは、日本の国民がきめるのだという意味である。

明治憲法は国民主権を定めていなかった。明治憲法では主権は国民にあるのではなくて、主権は神にあるということになっていた。むかし、神さまが日本の政治は天皇制で行うべきだということを、おきめになった。そこでその神さまの意見に従って天皇制で政治を行うのだ、というのが明治憲法の考えであった。この考えを神勅主権という。

ところが、こういう神勅主権の考えは、民主政治からいうとおもしろくない。民主政治というのは、国民の思うところに従って政治を行うことであるから、どうしても神勅主義を改めて国民主権にしなくてはいけない。そこで新憲法は、明治憲法の神勅主権をやめて、新しく、国民主権の考えをとり入れたのである。

ここで日本国民が主権をもつことになった。われわれ国民が日本の政治の主人になった。国民の力が非常に強くなった。それだけに国民の責任も重くなった。いままでは、国民は政治の主人ではなかったから、たとえ、わるい政治が行われても、国民は直接には責任がなかったといえる。しかし、これからはそうはいかない。国民が政治の主人になった以上、政治の責任者もまた国民である。いままでのように、政治は、政府や議員にまかせておけばいいといって、知らん顔をしているわけにはいかない。国民のひとりひとりが、いつも日本全体の政治のことを考えていなくてはいけないのである。

昭和二十年(一九四五年)八月十一日に、連合国が日本の降伏の申し入れに答えた言葉の中に、「日本の最終の政治の形態は、自由に表明された日本国民の意志によってきまる」という言葉がある。これは、日本にむかって国民主権を求めた言葉である。日本の政治がどういう形をとるべきかは、日本国民が自由にきめるべきだというのは、つまり、日本国民が主権をもつべきだという意味である。日本が神勅主権を捨てて、国民主権をとり入れるということは、このときにきまったのである。

日本が神勅主義を捨てて、国民主権をとり入れたことは、日本のためによろこんでいいことである。神さまの意志によって政治のやりかたがきまるというと、聞いたところはりっぱだが、神さまの意志などというものは、じつは、はっきりしたことはわかりっこはない。天照大神が「豊葦原の瑞穂の国(日本のこと)は、自分の子孫が王となるべき国だ」とおっしゃったということが、日本書紀という本に書いてあるが、これは伝説で、むろん、ほんとうにあった話ではない。神さまの意志というものは、実際にはいつも強い力をもっている人間（王様とか将軍とかいうような人間）が作るものである。そういう人たちが自分につごうのいいことを神さまの意志だといいふらして、国民を納得させるのである。だから、国民がその神さまを信仰しているうちはいいが、国民がほかの神さまを信ずるようになったり、また神さまなどというものを全く信じないようになったりすると、いくら神さまの意志だといいふらしても、国民が納得しなくなる。社会がすすみ、学問がすすむと、いまから何千年もむかしに、高天原で神さまがお言葉をたまわったなどという話は、誰も信じなくなるから、世の中がすすむと、神勅主権はどうしても時代においてきぼりにされてしまうのである。ヨーロッパでも以前には神勅主権という考えがあったが、とうのむかしに亡びてしまった。

⁂

国民主権の国では政治のやりかたは、けっきょくは国民がきめるのであるが、政治を行うばあいに、いちいち国民の意見を聞いていては実際に不便でいけない。スイスの山の中の小さい国のように、人口も少く、面積もせまいところでは、国民が直接に政治を行うこともできないわけではないが、ふつうの国ではそれはとうていできない。そこで、どこでも国民のうちから代表者を選挙し、選挙された代表者が政治を行うことにしている。国民の代表者が国民に代って政治を行うのであるから、このやりかたを代表民主政治といっている。

新憲法は、こういう代表民主政治を定めている。前文で「日本国民は、正当に選挙された国会における代表者を通じて行動し」といっているのは、その意味である。さらにまた「そもそも国政は、国民の厳粛な信託によるものであつて……その権力は国民の代表者がこれを行使し」といっているのも、同じ意味である。

もちろん国民が、直接に政治に口を出すばあいもあるにはある。国民は国会議員をはじめ、地方の議会（都議会、道会、府会、県会、市会、町会、村会など）の議員を選挙する。議員ばかりではない。地方の長（東京都や北海道や府県の知事）や、市町村長などもやはり国民が選挙する。また、最高裁判所の裁判官については、十年ごとに国民が審査し、国民の多数がやめさせたいという裁判官はやめさせることになっているし、憲法改正のばあいは必ず国民投票できめることになっている。これらのばあいには、国民が直接に政治に口を出すのであるが、そのほかのばあいには国民は直接には口を出さず、その選挙した国会が国民に代って、内閣や裁判所といっしょに政治を行うのである。

⁂

さきにもいったように、明治憲法は明治天皇がお作りになったので、これを欽定憲法（天皇のお定めになった憲法）といっている。ところが、新憲法は天皇がお作りになったのではなくて、日本国民が自分で作ったのである。だから、これは民定憲法（国民の作った憲法）である。前文が「日本国民は……この憲法を確定する」といっているのはその意味である。

⁂

前文はさらに、平和主義を宣言している。日本は戦争にはこりごりした。戦争がけっして国民に幸福を与えないこと、戦争が国民全体を不幸のどん底におとし入れることを、われわれはいまよく知っている。もう二度とふたたび戦争は御免だ、というのが日本人みんなの気持である。このことを前文は、いろいろな言葉でいいあらわしている。

「日本国民は……政府の行為によつて再び戦争の惨禍が起ることのないやうにすることを決意し」た。「日本国民は、恒久の平和を念願し、人間相互の関係を支配する崇高な理想を深く自覚する」。そして「平和を愛する諸国民の公正と信義に信頼して、われらの安全と生存を保持しようと決意した」のである。

前文には「平和」という言葉が四度までも使ってある。それほど新憲法は、この世界に平和をうちたてようと、心からのぞんでいるのである。

新憲法はどこまでも、世界の国々と仲よしになろうとしている。世界にはたくさんの国々がある。どの国も自分のことばかり考えて、ほかの国のことを少しも考えないようではいけない。みんながおたがいに、ほかの国のことを考えなくてはいけない。どこの国民も同じように、ほかの国からおどかされることなく、また貧乏することなく、平和のうちに生きていく権利がある。こういうことを前文は強くとなえている。

天皇

内藤鳴雪という俳人の作った句に「元日や一系の天子富士の山」というのがある。富士山が日本のしるしであるように、一系の天皇が日本のしるしだというのである。国のしるしとして天皇をいただく政治のやりかたを天皇制という。日本はむかしから天皇制の国であった。明治憲法は第一条で「大日本帝国ハ万世一系ノ天皇之ヲ統治ス」と定めた。これはむかしからの天皇制を、はっきりと憲法の文章に書きあらわしたのである。

天皇制が日本の将来のために必要かどうかということが、終戦とともに大きな問題になった。共産党は日本の政治を民主化するために、天皇制をやめてしまわなくてはいけないといったが、そのほかの政党はみんな——自由党も、民主党も、社会党も、協同党も――天皇制をやめてはいけないといった。国民の大多数は天皇制をつづけていきたいという考えであった。そこで、新憲法は、そういう国民の大多数の考えに従って、天皇制をつづけることにした。

国民の大多数はなぜ、天皇制をつづけていきたいと考えたか。それは日本で民主政治をうちたて、平和国家をきずき上げるために、どうしても天皇制が必要だからである。これからの政治は政党政治になる。そこで、これからはいろいろな政党のあいだの争いがはげしくなろう。ことに住居が足りなかったり、着物が足りなかったり、食べものが足りなかったりすると、国民のあいだにも何かと争いが強くなるにちがいない。そういうばあいに、政党などの争いと関係のない天皇がいらっしゃることは、民主政治を平和のうちに秩序正しく動かしていくうえに、きわめて必要である。民主政治が平和のうちに秩序正しく動いていかないと、無秩序と混乱が生じ、その結果は暴力がものをいうことになり、またふたたび軍国主義や独裁主義が行われるようになる。日本がそういう無政府状態におちいり、もういちど独裁政治の国になることを防ぐためには、天皇制をつづけることが必要なのである。

⁂

新憲法はこういうわけで天皇制をつづけることにしたが、その天皇制は、明治憲法の天皇制とはいろいろな点でちがっている。

明治憲法では神勅主権が根本であった。だから、天皇制ももとより神勅にもとづくものであった。神さまが日本は天皇制の国だとお定めになったから、日本には天皇がいらっしゃるのである。国民が天皇をいただきたいと思って、天皇をいただいているのではなくて、神さまの考えで天皇が国民に与えられたのである。つまり、天皇は神さまの意志によってその地位にいらっしゃるのであり、天皇御自身も、神さまの御子孫という資格をおもちになる、と考えられていた。

ところが新憲法は、そういう神勅主義という考えを捨ててしまった。主権は国民にある。だから、天皇制も国民の意志（民意）によってきまっているのである。神さまが天皇制がよろしいといったからではなくて、国民が天皇制がいいと考えたから、天皇制が新憲法で定められているのである。天皇は国民の意志にもとづいて、その位にいらっしゃるのであるから、天皇はもはや神の天皇ではなくて、国民の天皇、すなわち、民の天皇である。天皇御自身も、もう神さまの御子孫とは考えられない。天皇ももとより人間である。生きた神さまではない。

明治憲法では天皇は「統治権の総攬者《そうらんしゃ》」であった。「統治権の総攬者」とは、国の政治上の力の全体を握っている人という意味である。新憲法には、そういう「総攬者」というものはない。天皇はもちろん「統治権の総攬者」ではない。

明治憲法では、天皇は非常にたくさんの政治上の力をもっていらっしゃった。法律を作ること、いろいろな命令を作ること、官吏を任命すること、外国と条約を結ぶこと、また、恩赦といって、罪を許したり刑罰を軽くしたりすること、これらはどれも天皇がなされることであった。それらの力を大権というが、天皇の大権は非常に大きな、また非常に強いものであった。

ところが、新憲法はこれらの大権をほとんどみんな、天皇の手からはなしてしまった。法律は誰が作るかといえば国会である。天皇はこれには関係なさらない。官吏を任命するのは誰かというと、内閣である。天皇が任命されるのではない（もっとも内閣総理大臣と最高裁判所の長だけは、べつである)。条約は誰が結ぶかといえば、内閣と国会である。天皇は関係なさらない。恩赦は誰がきめるかといえば、内閣である。天皇がおきめになるのではない。

新憲法では天皇の大権が、こういうふうに弱く、せまくなっているが、これは実際の政治のうえでは、べつに大して変ったことではない。明治憲法では天皇の大権は非常に大きく、また強かったといったが、天皇は御自分のお考えによって大権を行われることは全くなかった。いつでも国務大臣とか、重臣とかいうものがおそばにいて、こうしていただきたい、ああしていただきたいと申し上げる。天皇はそれをそのまま、おとり入れになるのが、きまりであった。だから、天皇の大権は、実際には、大きくもなければ、強くもなかったのである。

たとえば、明治憲法は天皇が立法権を行うと定めていた。しかし、実際に法律を作ったのは帝国議会であり、天皇は議会で作った法律をそのまま裁可なさるのが例であった。帝国議会できまった法律にたいして天皇が反対なされたことは、ただの一度もない。天皇はいつでもそのまま裁可なさった。官吏を任命するばあいでも、そうであった。明治憲法は天皇が文武の官吏を任命すると定めていたが、実際には政府（内閣）が官吏をきめるのであり、天皇は政府の申し上げるとおりに任命されるのが、ならわしであった。内閣総理大臣ですら、実際には元老や重臣がきめるのであり、天皇は元老や重臣がきめた者を、そのまま任命されることになっていた。条約を結ぶのも、恩赦をするのも、それと同じことであった。天皇は国務大臣や重臣の申し上げるとおりになさるというならわしで、明治天皇も、大正天皇も、今上天皇も、このならわしをかたくお守りになった。だから、新憲法では、明治憲法にくらべて大権が非常に弱く、また、せまくなったように見えるが、明治憲法で大権が大きかったとか、強かったとかいうのは名ばかりのことで、実際のところは、大権というものは明治憲法でも少しも大きくもなく、強くもなかったのである。

明治憲法の天皇制と新憲法の天皇制とは、こういうぐあいにだいぶ違っているが、同じ点もある。それは何かというと、天皇が国の象徴でいらっしゃることである。

新憲法は第一条で「天皇は、日本国の象徴であり、日本国民統合の象徴であ」ると定めている。

象徴とは目に見えないものや、形のないものをあらわす目に見えるもの、形のあるものをいう。たとえば、国というものは目に見えない。ところが、国旗は目に見える。そして、国旗は目に見えない国をあらわしている。世界じゅうどこへ行っても国旗をだいじにする。なぜ国旗をだいじにするかというと、国旗の色がきれいだからでもなければ、その模様がよくできているからでもなければ、その布地がいいからでもない。その国旗が国をあらわしている――つまり、象徴している――からである。国旗をだいじにするのは、つまり、国をだいじにすることであり、国旗を愛するのは、つまり、国を愛することである。こういうばあいに国旗は国の象徴であるというのである。

天皇が日本国の象徴だというのも、これと同じ意味である。日本という国は目に見えない。天皇はその目に見えない日本という国をあらわしていらっしゃる。われわれは日本国を目で見ることはできないが、天皇を目で見ることはできる。そして、われわれは天皇を仰ぐときに日本国を見ると思う。さっき「元旦や一系の天子富士の山」という俳句を書いたが、この句は富士山も日本国の象徴であり、一系の天皇もそれと同じように、日本国の象徴であることを、わかりやすくいいあらわしている。

天皇が日本国の象徴でいらっしゃるということは、何も新憲法がはじめてきめたことではない。明治憲法でもやはり同じことであった。ただ、明治憲法は天皇が「統治権の総攬者」だということだけ書いて、天皇が日本国の象徴でいらっしゃることを書かなかっただけのことである。書いてあってもなくても、天皇は明治憲法でも日本国の象徴でいらっしゃった。日本人はよく「天皇陛下万歳」をさけぶが、これは「日本国万歳」と全く同じことである。なぜ天皇陛下万歳も日本国万歳も同じことかといえば、つまり、天皇は日本国の象徴でいらっしゃるからである。

⁂

天皇の位は世襲である（第二条）。世襲というのは、天皇の血筋を引いた人が、その位におつきになることである。

天皇の位はいままで、長いあいだ世襲であった。これからももちろん世襲である。

天皇の血筋のどういうかたが、どういう順序で、天皇の位におつきになるかは皇室典範できまる(第二条)。

皇室典範というのは、皇室のことを定める法律である。明治憲法時代にも皇室典範というものがあったが、これは全く性質がちがっていた。明治憲法のときの皇室典範は、憲法と同じ力をもっており、ただの法律ではなかった。帝国議会はそれについて、全く口を出すことができなかった。つまり、皇室典範できめてあったことを議会が変えることはできなかった。ところが、こんどの皇室典範は、名前はそれと同じであるが、性質はそれとちがう。新憲法の皇室典範はただの法律であるから、国会が自由にきめるのであり、天皇もこれについて、口を出すことはできない。

天皇がまだ成年におなりにならないばあいや、重い病気のばあいなどには、摂政が天皇に代ってその大権を行う。摂政は天皇の代理人である(第五条)。

⁂

天皇は日本国の象徴でいらっしゃるが、同時にまた、ごくわずかながら国事についての大権をもっていらっしゃる。

そういう大権には、どんなものがあるかというと、第一に、天皇は内閣総理大臣と最高裁判所の長を任命なさる。しかし、内閣総理大臣はまず国会がきめ、そこできまった人を天皇が任命なさるのであり、最高裁判所の長は内閣できめ、そこできまった人を天皇が任命なさるのであるから、天皇の任命というのは形だけで、じつは内閣総理大臣は国会が任命するのであり、最高裁判所の長は内閣が任命するのである（第六条）。

第二に、天皇は憲法や、法律や、条約をひろく国民に知らせたり、国会を開いたり、衆議院を解散したり（すなわち衆議院議員全部をその任期が来ないうちにやめさせて、新しく議員を選ばせたり）、勲章をお授けになったり、外国の大使や公使をお迎えになったり、そのほかいろいろな儀式をなさる（第七条）。

第三に、天皇は内閣のしたいろいろなことを認証なさる。高い官吏を任命したり、大使や公使に信任状を与えたり、恩赦をきめたり、条約を結んだりするのは内閣であるが、それをいちいち天皇は認証なさるのである（第七条）。「認証」というのは、内閣のしたことが正しい手続で行われたことをみとめることである。御自分でそれらのことをおきめになるのではなく、内閣できめたことが正しい手続で行われたかどうかをしらべ、これが正しい手続で行われたということになれば、必ず認証なさるのである。

天皇がこれらのことをなさるばあいは、おひとりでなさるということはない。必ず内閣の助言と承認にもとづいてなされるので、内閣と関係なく大権を行うことは許されない。明治憲法でもだいたい同様で、天皇の行動には国務大臣や宮内大臣の輔弼《ほひつ》が必要であった。輔弼とは、天皇をお助け申し上げることで、新憲法で「助言と承認」というのは、明治憲法で「輔弼」というのと同じ意味である。「助言」とは内閣から天皇に、「これこれのことをしていただきたい」と申し上げることであり、「承認」とは天皇のほうから「これこれのことをしてはどうか」という申し出があるときに、内閣が「よろしゅうございます」とそれに同意を与えることである。天皇の国事に関するすべての行為には、こういう内閣の助言と承認が必要である。したがって、天皇のなさることは、実際にはみな内閣のすることになるので、それについては内閣が全責任を負い、天皇御自身は全く責任をお負いにならないのである(第三条)。

天皇はこれらの大権を「国民のために」行うことになっている(第七条)。それはどういうことかというと、国民が主権者であるから、これらの大権も、元来は国民が行うべきものであるのを、天皇が国民に代ってなさるという意味である。

天皇にとくべつのおさしさわりがあるばあいには、これらの仕事を誰か適当な人にまかせることもできる(第四条第二項)。

明治憲法では、天皇は統治権の総攬者でいらっしゃったから、憲法に書いてない大権も少くなかったが、新憲法では、天皇は憲法ではっきり定めた権能しかおもちにならない。ことに、一般の国の政治に関する権能は全くおもちにならない(第四条第一項)。

戦争の放棄

いままでの日本は戦争好きな国だった。とりわけ昭和になってからは、軍人が政治のうえで強い力をもつようになったので、戦争によって国民が幸福になれるという、まちがった考えが、世間で非常にもてはやされるようになった。そして、その結果は満洲事変となり、支那事変となり、ついに太平洋戦争となった。そして、その結果はどうなったか。……それは、いまさらいわなくても、誰でもよく知っている。

戦争というものは、じつにばかばかしいものである。非常なむだである。このことは今度という今度は、私ども日本人にもよくわかったはずである。私どもは今度の戦争で、たくさんのたいせつな物をこわしたり、焼いたり、海へ沈めたりした。

さらにたくさんの人間を殺した。そして、その結果としてたくさんの未亡人や、みなし子をこしらえた。戦争に行かない人でも、空襲で家を焼かれたり、けがをしたり、死んだりした人がどのくらいあるかわからない。これはみんな戦争のおかげである。

戦争のあいだも、それがおわってからも、国民の生活はあいかわらず不自由をきわめている。いまの日本人は腹いっぱい食べるのも楽でない。配給もじゅうぶんでない。たまに、おいしいものを売っていたとしても、ねだんがとほうもなく高いので、買うわけにはいかない。物ができて来ないので、物のねだんは上るいっぽうである。しかも収入は、そのわりにふえていくわけではないので、国民のくらしは日一日と苦しくなる。これもみんな戦争のおかげである。

戦争というものはこういうものである。戦争は、とほうもなく大がかりなむだであるから、その結果は物は減る、ねだんは上る、国民のくらしは苦しくなる、ということにきまっている。もちろん、戦争でもうける人もないではないが、そういう人は国民のうちのごくわずかで、国民の大多数は戦争では、かずかずの不幸を与えられるにきまっている。

私どもは今度こそ、戦争にこりごりした。もう二度とふたたび戦争はしたくない。子供や孫たちに、この苦しい思いをさせたくない。どうしてもこの世界から戦争をなくしてしまいたい。これが私たちの心からの願いである。新憲法の前文で「日本国民は恒久の平和を念願」するといっているのは、私たちの、こういう心持をいいあらわしたものである。

ところで、この世界から戦争をなくすには、どうしたらいいか。「恒久の平和」をうちたてるには、どうしたらいいだろうか。

これは非常にむずかしい問題である。世界じゅうの国民は前から、この世界から戦争をなくすにはどうしたらいいか、という問題を考えた。国際連盟を作ったのは戦争をなくすためであった。不戦条約を結んだのもそのためであった。しかし、これらのやりかたは、どれもすぐには成功しなかった。国際連盟ができ、不戦条約ができても、戦争はなくならなかった。第一次世界大戦がおわってから、世界の諸国民はもう二度と戦争はこりごりだというので、国際連盟や不戦条約を作ったのであったが、その後まもなく第二次世界戦争がはじまったことは、皆さんのよく知っているとおりである。

世界からほんとうに戦争をなくしてしまうためには、世界じゅうの国々が絶対に戦争をしない、と決心することが必要である。しかし、じつはそれだけでは、じゅうぶんでない。たくさんの軍隊や軍艦や飛行機を持っていながら、ただ戦争は絶対にしないと約束してみたところで、実際にはそういう約束はあまりあてにならない。ほんとうに戦争をしない決心ならば、軍隊というものは全くいらないはずであるから、軍隊を全部やめてしまうことが、ぜひ必要である。どの国もみんな軍隊をやめてしまう、どこへ行っても軍隊はない、ということになれば、戦争をやりたくてもできなくなるから、戦争はほんとうになくなってしまうにちがいない。だから、世界じゅうの国々がみんな戦争をしないと決心したうえで、それぞれ軍隊を全部やめてしまうことが、世界からほんとうに戦争をなくすためには絶対に必要なのである。

日本国民はこういうふうに考えて、新憲法の第九条で戦争の放棄を定めた。

日本国民は戦争を放棄する。戦争を放棄するというのは、戦争を否認するということである。絶対に戦争をしないということである。不戦条約では世界の国々が侵略戦争はしないと約束した。しかし、外国から攻められたとき自分の国を守るために戦争をするのは、さしつかえないということになっていた。ところが、新憲法は侵略戦争ばかりでなく、どんな戦争でも戦争というものを全部否認している。いわゆる自衛戦争――すなわち、外国から攻められたときに自分の国を守るためにはじめる戦争――も、やってはいけないというのである。徹底した無抵抗主義である。

それだけではない。新憲法は軍隊をいっさい置かないと定めている。つまり、陸軍も、海軍も、空軍も、軍隊というものは少しも置くことを許さないのである。軍隊がなければ、戦争をしたくても実際問題としてできっこない。だから、日本はこれからは完全な平和国家になることができるのである。

憲法で戦争を絶対にしないということと、軍隊を全部やめてしまうということを、はっきり定めた例は、いままでの世界の歴史にない。日本の新憲法が世界ではじめてである。いままででも、不戦条約の定めるように、侵略戦争はしないと定めた憲法はあるが、日本の新憲法のように、どんな戦争でも、戦争という戦争はいっさいしないと定めた憲法はどこにもない。しかも日本の新憲法はそのうえに、軍隊をおかないと定めている。ここまで思いきって定めた憲法は、世界のどこにもない。

世界に平和を打ちたてるには、日本だけが軍隊をやめて戦争を放棄しただけでは、もちろんじゅうぶんでない。世界じゅうの国々がみんなそうしなくてはだめなのである。しかし、すべての国が、ほかの国がそうするのを待っていたら、いつまでたっても平和はうちたてられない。そこで日本は、ほかの国々に先がけて、まず自分だけで軍隊をやめ、戦争を放棄して、世界平和への道をすすもうというのである。どうかほかの国々も、あとからついて来てもらいたい。そういって世界の国々に呼びかけながら、日本はただひとり世界に模範を示す意気ごみで、高い高い世界平和の理想にむかって、力強く一歩をふみ出したのである。

マッカーサー元帥が対日理事会でいわれたように、「日本が新憲法で定めた戦争の放棄ということを、世界じゅうの国々がみんなで実行するようになったときに、国際連合の理想である世界平和というものが、はじめてほんとうにできあがるだろう」。どうか世界の国々も、ほんとうに世界に平和をうちたてるには、世界じゅうの国々がみんなで軍隊をやめ、みんなで戦争を放棄するよりほかに道がない、ということを知っていただきたい。そして、できるだけ早く日本の例にならっていただきたい。これが日本国民のお願いである。

国民の権利と義務

十八世紀のおわりに、アメリカの国々で憲法をこしらえたとき、国民が生れながらにもっている自由を、国家の権力で制限してはいけないということをその中ではっきり定めた。そして、身体の自由や、言論の自由や、宗教の自由や、そのほかいろいろな自由をとりあげて、それらが国民のいちばんたいせつな自由であることを明らかにした。

このとき以来、どこの憲法でもきまって、こういう規定を設けるようになった。これを「権利章典」とか、「権利宣言」とかいうが、世界のどこの国の憲法にもそれがある。日本の明治憲法にも、もちろんそれがあった。明治憲法の第二章は「臣民権利義務」と題して、臣民のいろいろな自由を政府がむやみに侵してはならないことを定めた。これはつまり、明治憲法の「権利章典」であった。

ポツダム宣言は、国民の自由ということをとりわけ重んじ、その第十項は「言論の自由、宗教の自由、そのほか基本的人権の尊重を確立すべきである」といっている。そこで新憲法は、第三章を「国民の権利及び義務」と題して、国民の基本的な自由や、権利について詳しく定めた。これが新憲法の「権利章典」である。

＊＊＊

さきにのべたように、アメリカの独立宣言は、人間は生れながら他人にゆずりわたすことのできない権利をもっている、といい、人間は人間として必ずいくつかのたいせつな権利をもっている、といったが、新憲法もそれと同じような考えをとっている。その第十一条は「国民は、すべての基本的人権の享有を妨げられない。この憲法が国民に保障する基本的人権は、侵すことのできない永久の権利として、現在及び将来の国民に与へられる」と定めている。また、第九十七条でも国民の基本的人権は「現在及び将来の国民に対し、侵すことのできない永久の権利として信託された（預けられた）もの」だといっている。つまり、国民は侵すことのできない永久の権利をもっているわけで、これが基本的人権である。新憲法はこれを保護することを、まずはっきり言明している。

これらの基本的人権は、国民が人間として当然にもっていなくてはならない権利であるが、それはむかしから、人間が実際においてもっていたものではない。それをもつためには、私ども人間の先祖がなみなみならない努力をしたのである。新憲法の第九十七条も「この憲法が日本国民に保障する基本的人権は、人類の多年にわたる自由獲得の努力の成果であつて、これらの権利は、過去幾多の試練に堪へ」たものだといっている。したがって、国民はこれらの貴い先祖からの遺産を、どこまでもたいせつに守っていかなくてはならない。「侵すことのできない永久の権利」だからといって、これを守ろうとせずにほったらかしておくと、また独裁政府が出てきて、それらを奪いとってしまう恐れがある。だから、「この憲法が国民に保障する自由及び権利は、国民の不断の努力によつて、これを保持しなければならない」のである（第一二条）。

新憲法が基本的人権をたいせつにするのは、個人をたいせつにするからである。いままでは、ともすると全体主義などといって、一人一人の個人を重んじなかった。ことに戦争中は、一人一人の国民の生命などを、なんでもないもののように取扱った。国家全体のためには、国民全部が死んでもかまわないなどという議論すらあった。しかし、一人一人の国民をはなれて、全体などというものがあるはずはない。たいせつなのは一人一人の国民である。新憲法はこのことをよくみとめて、国民はすべて「個人として尊重される」という(第一三条)。つまり、新憲法は全体主義などというものを、いっさいみとめない。したがって個人の権利——すなわち、生命、自由及び幸福追求に対する権利——については、法律を作り、政治を行うばあいには、できるだけこれをたいせつに生かしていくよう、心がけなくてはならない(第一三条)。

新憲法が、かように国民の基本的人権をたいせつにするのは、もちろんそれが国民の一人一人にとって、たいせつなものであるからであるが、そればかりではなく、またそれが同時に、社会全体のために、たいせつなものであるからである。一人一人の国民が基本的人権をちゃんともっていることが、その国家なり、社会なりの全体のために必要だからである。したがって、国民もその権利や自由を使うときは、できるだけそれが社会全体のためになるように、使わなくてはいけない。「国民はこれを濫用してはならないのであつて、常に公共の福祉のために、これを利用する責任を負ふ」というのは(第一二条)、この意味である。たとえば、言論が自由だからといって、他人の人格を傷つけるような悪口をいうことは、言論の自由の濫用であるし、自分の土地だからといって、なんにも使わずに、ただ遊ばせておくなどというのは、財産権の濫用である。国民は、言論の自由も、財産権も、それが社会全体のためになるように、これを利用する責任がある。したがって、さきほど、国民の権利についいては法律を作り、政治を行うばあいに、できるだけこれをたいせつに生かしていくよう、心がけなくてはならないといったが、そのときでも、その権利が社会全体の不利益になるようなことは、絶対に避けなくてはいけない。「生命、自由及び幸福追求に対する国民の権利については、公共の福祉に反しない限り、立法その他の国政の上で、最大の尊重を必要とする」というのは(第一三条)、この意味である。

新憲法はだいたいこういう立場で、国民の権利および義務を定めている。そこで次に、新憲法がどのような権利や義務を定めているかを説明しよう。

⁂

新憲法はまず、平等の原則を定めている。

アメリカの独立宣言は、さきにものべたように、「すべての人間は、神さまによって、平等に作られている」といった。それ以来、どこの国の憲法も同じ原則を定めている。日本でも福沢諭吉は明治五年（一八七二年）に出た「学問のすゝめ」という本のはじめに、「天は人の上に人を造らず、人の下に人を造らず」といった。これは人間というものは、生れながらにして平等なものだという意味である。

明治になるまでは、日本の国民は決して平等ではなかった。国民のあいだには、士農工商というように、たくさんの階級があった。そして、それらの階級は法律上いろいろに違った取扱をうけていた。たとえば、武士は役人や軍人になることができたが、ほかの者は役人や軍人になれなかった。また武士は刀をさしたが、ほかの者は刀をさすことは許されなかった。そして、百姓の子に生れた者は一生百姓をしなくてはならず、商人の子に生れた者は一生商人をすることにきまっていた。百姓や商人の子に生れた者が、武士になることもないではなかったが、それはごくわずかな例外で、ふつうは武士の子に生れた者だけが武士になった。そのかわり武士の子に生れた者は、その本人の頭のよしあしや、身体のよしあしに関係なく、誰でも武士として刀をさしていばっていられた。

　ところが、明治維新になって、こういう封建的な階級はやめなくてはいけないという意見が強くなったので、明治のはじめに、士農工商という区別をやめてしまった。そして、誰でもその実力に応じて役人にでも何にでもなれることにした。百姓の子が役人になってもいいし、武士の子が商人になってもいいし、商人の子が職工になってもいいということになった。国民は法律上は平等になった。

　明治憲法は「日本臣民ハ法律命令ノ定ムル所ノ資格ニ応シ《(じ)》均《ひとし》ク文武官ニ任セ《(ぜ)》ラレ及其ノ他ノ公務ニ就クコトヲ得《う》」と定めて（第一九条）、すべての日本人が法律上平等だという原則をとりいれたが、その原則はそこではまだ、じゅうぶん徹底してはいなかった。たとえば、明治憲法は華族という特権階級をみとめた。華族の子に生れた者は、その本人の能力に関係なく、華族となり、貴族院議員になる特権や、そのほかいろいろな特権をもっていた。

新憲法はこの平等の原則をさらに徹底させた。第十四条は「すべて国民は、法の下に平等であつて、人種、信条、性別、社会的身分又は門地により、政治的、経済的又は社会的関係において、差別されない」と定めている。「法の下に平等」だというのは、法律上差別待遇をしないという意味である。すなわち、人種が違っているとか、宗教が違うとか、女だとか、家柄がわるいとかいう理由で、法律上差別待遇してはいけないというのである。たとえば、キリスト教を信ずる者は学校の先生にしないとか、ある家柄の人はとくべつに議員にするとかいうことは、絶対に許されない。もちろん本人の能力にもとづいて差別することは、少しもさしつかえない。たとえば、試験を受けて落第した者は官吏に採用しないというのは、少しもさしつかえない。しかし、人種とか、宗教とか、男女の性とか、家柄とかいう、本人の能力と関係のない理由で差別待遇をすることは、絶対に許されない。

新憲法は男女の差別待遇を許さない。明治憲法では男と女とを法律上違った取扱いをすることは、少しもさしつかえなかった。たとえば、選挙権は男だけがもっていたし、議員になるのも男にかぎられていたし、そのほかでも、男は女にくらべるといろいろな特権を与えられていた。新憲法では、そういうことは許されない。女だからといって、法律上差別待遇することはできない。男女は完全に平等に取扱わなくてはならない（男と女を法律上差別してはならないことは、なお新憲法の第二十四条や、第四十四条にも書いてある）。

こういうふうに、平等の原則を徹底させる以上、華族というような制度はもちろん許されるわけはない。そこで新憲法は「華族その他の貴族の制度は、これを認めない」と定めている（第一四条第二項）。貴族の制度はみとめないが、ふつうの栄典は、べつにさしつかえない。「栄誉、勲章その他の栄典の授与は、いかなる特権も伴はない。栄典の授与は、現にこれを有し、又は将来これを受ける者の一代に限り、その効力を有する」（同条第三項）。つまり、勲章のようなものは、やめてしまわなくともよろしい。そのかわり、勲章をもらったからといって、なんの特権も与えられない。また、もちろん、もらった者一代かぎりで、子孫に受け継がれることはない。

明治憲法では爵、位、勲章という栄典があった。このうちで爵は世襲され、そのうえにいろいろな特権が伴ったから、新憲法では全廃される。勲章や位は世襲されないから、その特権さえやめてしまえば、いままでどおりにしておいても、さしつかえない。

⁂

新憲法は国民主権主義にもとづいている。すなわち、ここでは国民が政治の主人である。そこですべての公務員は、けっきょくは日本の政治の主人である国民の意志にもとづいて、その地位につくのでなくてはならない。

新憲法第十五条は「公務員を選定し、及びこれを罷免することは、国民固有の権利である」と定めている。公務員というのは、議員や役人のように、おおやけの事務を受けもっている者をいう。公務員を選定するとは、それを選挙したり、任命したりすることであり、それを罷免するとはやめさせることである。公務員の選定と罷免が「国民固有の権利」だというのは、公務員を選定したり、これを罷免したりすることは、直接または間接に、国民の意志にもとづいて行われるようにしなくてはいけないという意味である。

「すべて公務員は、全体の奉仕者であつて、一部の奉仕者ではない」（第一五条第二項）。公務員は、ある政党から推されて選挙されることがあろうが、そのばあいでも、公務員は決してその政党に仕える人ではなくて、国家全体、社会全体に仕える人である。だから、自分の関係している政党の利益ばかり考えてはいけない。いつも国家全体、社会全体の利益を考えて、その職務を行わなくてはならない。

公務員の選定は選挙によるとはかぎらない。ただ、選挙を行うばあいは、その選挙は必ず「成年者による普通選挙」でなくてはならない（第一五条第三項）。

選挙には普通選挙と制限選挙とがある。制限選挙というのは、いくらかの税金（直接税）を納める人だけに選挙権を与えるという制度で、これだと税金を納めない貧乏人は選挙権がないことになる。普通選挙というのは税金を納める納めないに関係なく、選挙権を与える制度で、つまり貧乏人と金持を全く区別しない選挙である。どこの国でもむかしは制限選挙だったが、十九世紀このかた、だんだん普通選挙になってきた。日本でも大正十四年（一九二五年）から普通選挙になっている。「成年者による普通選挙」というのは、金持にも貧乏人にも同じように、成年（すなわち満二十歳）の男女には全部選挙権を与える選挙をいう。公務員の選挙はみんなこういう選挙でなくてはならない。

選挙は国民の自由な意志にもとづいて行われなくてはならない。そのためには投票は秘密にする必要がある。新憲法はこういう趣旨で「すべて選挙における投票の秘密は、これを侵してはならない。選挙人は、その選択に関し公的にも私的にも責任を問はれない」と定めている（第一五条第四項）。

⁂

人間は生れながらいろいろな自由をもっている。憲法はこれを保護し、保障しなくてはならない。

ところで、自由はすべての人間が、同じようにもっているのである。太郎だけが自由をもっているのではなく、次郎も同じように自由をもっている。しかも太郎の自由も次郎の自由も、全く同じようにたいせつなので、一方が他方よりもっとたいせつだということはない。そこで、すべての人間の自由を同じように保護し、保障しようということになると、どうしても「公共の福祉」、すなわち社会全体の利益という立場から個人個人の自由にたいしては、ある程度の制限を加えることが必要になる。たとえば、市民全体の利益のために都市計画を実行しようとすれば、どうしてもある人たちの居住移転の自由を多少制限しなくてはならなくなるようなものである。ただ、そのばあいに、ともすると政府の権力や法律によって、国民の自由がまちがって侵される可能性がある。そこで、どこの国の憲法も、国民にとってとりわけたいせつないろいろな自由をとりあげて、それを政府の権力や、法律でむやみに制限してはいけないという趣旨を、はっきりきめておくのが例である。明治憲法もその第二章で、居住移転の自由、身体の自由、住居の不可侵、信書の秘密、信教の自由、集会結社の自由などを定めた。新憲法はこれらの自由を定めたうえに、さらにそのほか、いろいろな自由をもとりあげて定めている。

憲法でこういうふうに保護する自由を、ふつうに自由権といっている。新憲法が定めている自由権を次にひろいあげてみよう。

（一）奴隷的拘束および苦役からの自由

「何人も、いかなる奴隷的拘束も受けない。又、犯罪に因る処罰の場合を除いては、その意に反する苦役に服させられない」（第一八条）。

奴隷というのは人間としての資格をもたず、全く牛や馬と同じに扱われる人をいい、奴隷的拘束を受けるとは、人間が奴隷のようなしばられた状態に置かれることをいう。苦役というのは強制的な肉体労働をいう。この規定はどんな人間をも、そういう状態に置いてはならず、また罪を犯した人のほか、どんな人間にも、そういう苦しい労働をさせてはいけないという趣旨である。したがって、たとえば、人身売買とか、強制労働とかいうものは、法律でも定めることはできない。

（二）思想及び良心の自由

「思想及び良心の自由は、これを侵してはならない」（第一九条）。

「思想」も「良心」も人間の心の中の考えをいう。人間の考えのうちで、宗教や道徳に関係のあるものが、ここにいう「良心」で、それ以外が「思想」だといってよかろう。思想および良心の自由を侵さないとは、人間がその考えにもとづいて罰せられたり、そのほかいろいろな不便を与えられることがないという意味である。戦争中は、ある人が戦争に反対の考えをもっているから憲兵隊に引っぱるとか、日本が神国だということを信じないから、公職から追放するとかいうことが行われたが、こういうことはいずれも、思想および良心の自由を侵すもので、新憲法の下では絶対に許されない。

(三) 信教の自由

信教の自由とは、宗教の自由ということである。どんな宗教を信じても、また宗教を信じなくても、そのために法律上罰せられたり、差別待遇されたりすることがないということである。

これは人類の歴史の中で、いちばんたいせつな自由のひとつで、どこの国の憲法でも必ず定められている。むかしは、どこの国でも信教の自由をみとめず、国家のみとめる宗教と違った宗教を信ずる者にたいしては、いろいろな圧迫、あるいは差別待遇が行われたものであるが、十八世紀このかた、だんだん信教の自由がみとめられるようになった。

日本でも徳川時代には信教の自由はみとめられず、キリスト教は法律で厳禁されたが、明治になってからこれを改め、明治憲法は信教の自由をはっきり定めた。しかし、憲法の文字のうえでは信教の自由を定めながら、実際には神社を国の宗教（すなわち、国教）として取扱い、日本人はすべて神社にお参りする義務があるとした。そこでキリスト教徒も、仏教徒も、すべて神社にはお参りしなくてはならないということになり、信教の自由というものは憲法の文字のうえにあるだけで、実際にはないという有様であった。

新憲法はこの有様を根本的に改めた。「信教の自由は、何人に対してもこれを保障する」（第二〇条）。どの宗教を信じようと、また宗教を信じようと信じまいと、それは人の自由である。それによって法律上なんら違った取扱いはうけない。国家は宗教の問題については、全く中立の態度をとらなくてはならない。したがって、「いかなる宗教団体も、国から特権を受け、又は政治上の権力を行使してはならない」(同条第一項)。また「何人も、宗教上の行為、祝典、儀式又は行事に参加することを強制されない」(同条第二項)。そして「国及びその機関は、宗教教育その他いかなる宗教的活動もしてはならない」(同条第三項)。

神社の特別扱いということは、いまは全くなくなった。神社も、キリスト教や仏教と同じような、ふつうの宗教となった。したがって、キリスト教や仏教を信ずることが自由であるように、神社を信ずることも自由である。神社を信ずる人や、神ながらの道を信ずる人は、自由にその信仰をつづけてよろしい。もちろん、神社にお参りしてもいい。ただ、いままでのように、国家の力で神社にお参りすることを強制することは許されなくなった。戦争中は誰でも、神社の前を通るときは敬礼をしなくてはならなかった。電車に乗っていても、神社の前では敬礼させられたものである。そういうことはもうない。誰も敬礼を強制されることはない。敬礼したい人は自由に敬礼するがよろしい。したくない人はしなくともよろしい。どちらでも人の好きずきでいい、ということになった。

(四) 集会、結社の自由

集会というのは、大勢の人がいっしょに集まることであり、結社というのは、大勢の人が会や組合を作ることである。

明治憲法ももちろん集会および結社の自由を定めていた。政党というものが、明治のはじめから日本の政治のうえで、大きなはたらきをしてきたことは誰でも知っているが、政党は政治を目的とする結社であり、政党が活動することができたのは、結社の自由がみとめられていたからである。近年、政党にたいしていろいろな圧迫が加えられ、昭和十五年(一九四〇年)には、それまであった政友会とか、民政党とかいう大政党はみんな解消させられたが、これは明治憲法が、結社の自由を定めた精神には非常にそぐわないものであった。この状態は昭和二十年の終戦でおわった。このときに結社の自由が回復され、たくさんの政党がまた、ぞくぞくと生れた。

新憲法はもちろん結社の自由をみとめている(第二一条)。しかも、その自由は明治憲法にくらべていっそう徹底している。明治憲法のもとでは、大正十四年(一九二五年)に治安維持法ができてからこのかた、共産党は禁じられていたが、新憲法では共産党ももちろん許される。

（五）表現の自由（言論の自由）

明治憲法は言論、著作、印行の自由を定めた。これは話す言葉により、あるいは印刷物によって自分の考えを発表する自由をいうので、ふつうはひとくちに、これを言論の自由といっている。言論の自由は、信教の自由や身体の自由とならんで、人間にとっていちばんたいせつな自由のひとつであり、どこの国の憲法でも定められている。

むかしはどこの国でも、言論の自由はじゅうぶんにはみとめられていなかった。とりわけ政治上の言論については、いろいろな制限が加えられた。しかし、民主主義の考えがひろまり、個人の人格を尊重しなくてはならないということになってくると、その人格のあらわれである言論を尊重しなくてはならないという考えが、強くならざるを得ない。そこでアメリカの独立や、フランス革命このかた、言論の自由はだんだんひろくみとめられるようになり、現在ではどこの国の憲法でも、これをみとめている。どんな考えでも、たとえ、ときの政府にとってどんなに気に入らない考えでも、自由に発表することが許されるので、これを禁じたり、制限したりすることはできない。したがって検閲（新聞や雑誌やラジオの原稿を前もってしらべること）は許されない。

新憲法は言論の自由を、もちろんみとめている。ポツダム宣言もはっきり、言論の自由をみとめなくてはいけないといっている。言論の自由のことを、新憲法は「表現の自由」と呼んでいる（第二一条第一項）。これは明治憲法におけると同じく、政治、経済、社会、芸術、そのほか何についての考えでも発表する自由をいう。発表の方法は、印刷物によるものでも、ラジオによるものでも、レコードによるものでも、かまわない。検閲はもちろん許されない（第二一条第二項）。

言論の自由がみとめられるからといって、他人の名誉を傷つける言論だの、風俗を害する言論だの、暴力行動をけしかける言論だのが許されるわけでないことはもちろんである。終戦このかた言論が自由になったというので、他人の名誉を傷つけたり、風俗を害したりするような言論が行われたことがあるが、これは言論の自由のはきちがいである。言論の自由を濫用して、公共の福祉を害するようなことがあってはならない。

（六）通信の秘密

手紙そのほかの通信の秘密を保護することは、個人の私生活を保護するために、きわめてたいせつなことである。だから、明治憲法も「信書の秘密」は侵されないと定めた。新憲法は「通信の秘密」は侵してはならないと定めている（第二一条第二項）が、その意味は明治憲法と、べつに違ってはいない。

通信というちには、手紙でも、ハガキでも、電報でも、電話でも、すべて含まれる。郵便の仕事に関係する役人は、仕事のうえで他人の通信の中身を知る機会があるが、それを他人にもらすことは厳重に禁じられる。検閲ももちろん許されない（同条）。検閲というのは、政府が手紙などを開けて見ることである。

（七）居住、移転の自由

明治以前には、国民は勝手に好きなところへ住んだり、引越したりすることは許されなかった。たとえば、ある国の百姓が、となりの国へ引越そうと思っても、そう自由に引越すことはできなかった。そこで明治憲法は、居住、移転の自由をみとめ、誰でも勝手に好きなところへ引越せることにした。新憲法も何人も、公共の福祉に反しないかぎり、居住、移転の自由を有すると定めた（第二二条第一項）。どこに住むか、どこへ引越すか、は国民の自由で、国家はこれにいっさい干渉してはならない。

国内で引越すことばかりではない、外国に移住することも自由である（第二二条第二項）。いままでのような、やかましい制限はなくなる。もっとも、このばあいは、移住しようと思う外国の法律で、いろいろな制限をうけることはもちろんである。

（八）職業選択の自由

徳川時代には、人の職業は生れながらにしてきまっていた。前にのべたように、武士の子は武士になり、百姓の子は百姓になることにきまっていた。しかるに、明治になって、そういうことは改められて、誰でも自由にその職業を選ぶことができるようになった。明治憲法はそのことをとくに定めなかったが、新憲法は、はっきり何人も職業選択の自由を有すると定めた（第二二条第一項）。

（九）国籍離脱の自由

国籍を離脱する自由というのは、日本人であることをやめる自由である。いままでは日本では、日本人に生れた者は死ぬまで日本人であり、自分勝手に日本人であることをやめて外国人になることはできなかった。もちろん、アメリカで生れた二世のように、二重国籍（一人でアメリカの国籍と日本の国籍をもつこと）になった者は日本の国籍を離れることができたが、これは例外で、ふつうの日本人は自由に外国人になることはできなかった。新憲法はこれを改めて、誰でも日本人であることをやめたい者は、自由にやめてよろしいということにした。つまり、いままでは、日本人になっていたくないという者でも、むりやりに日本人にしておいたのであるが、新憲法は、いやな者は自由に日本人であることをやめてよろしいとしたので、これからのちは、日本人はみんな自分からすすんで日本人になろうという者だけになり、いやいやながら日本人になっているという者はなくなるわけである。

（一〇）学問の自由

新憲法は新しく「学問の自由は、これを保障する」と定めた（第二三条）。

学問の自由というのは、学説の自由ということである。むかし、ガリレオは天が動くのではない、地が動くのだ、という学説（地動説）を唱えたかどで罰せられた。これは学問の自由を侵したのである。日本でいえば、昭和十年に美濃部達吉博士は、天皇は国の機関だという学説（天皇機関説）を唱えたという理由で、公職を追われた。そして、文部省は全国の学校に、そういう学説を教えてはいけないと命令した。これも学問の自由を侵した例である。新憲法はこういうことが二度とくりかえされないように、とくに学問の自由を保障すると定めた。

（一一）身体の自由

身体の自由とは、人間の肉体の自由をいう。人間をつかまえたり、つかまえて帰さなかったりするのは、つまり、身体の自由を拘束することである。

身体の自由は、信教の自由や、言論の自由とならんで、人間にとっていちばんたいせつな自由のひとつである。どこの国の憲法もこれを定めている。

明治憲法も、もとより身体の自由を保障した。しかし、実際においては日本の警察官は、明治憲法やそれにもとづいて作られた法律を忠実に守らず、人権じゅうりんが大々的に行われた。人権じゅうりんというのは、拷問《ごうもん》をしたり、つかまえた人間にたいして打ったり、蹴ったり、そのほかいろいろな乱暴をすることをいう。明治憲法も法律も、もちろん人権じゅうりんは厳重に禁じていたのであるが、実際には警察あたりでは、かなりおおっぴらに人権じゅうりんが行われた。そこで新憲法は、そういうことがこののち行われることのないように、身体の自由を守るために、いろいろくわしい規定を設けた。

人をつかまえるときは、必ず令状をもっていかなくてはならない。令状は司法官憲がこしらえるので、そこにはどういう罪を犯したという理由でつかまえるのかということが、はっきり書いてなくてはいけない。もっとも、罪を犯している者をその現場でつかまえるばあいには、令状なしでつかまえてさしつかえない（第三三条）。人をつかまえたときは、すぐどういう理由でつかまえたかを本人に知らせ、弁護人を頼みたいという人には、それを頼めるようにしてやらなくてはいけない。また、つかまった本人からでも、ほかの人からでも申し出があるときは、つかまえた理由を本人とその弁護人の出席する公開の法廷で、はっきり示さなくてはいけない。そして、もちろん正当な理由がなければ、つかまえることができないのであるから、もし正当な理由がないときまったら、すぐに放してやらなくてはいけない（第三四条）。

罪を犯した者は法律に従って罰せられる。これは当り前の話である。しかし、たとえ有罪ときまっても、残虐《ざんぎゃく》な刑罰（たとえば、むちで打つ刑罰など）は許されない（第三六条）。また、刑罰を科するには、法律で定めた裁判という手続による必要がある。そういう手続によらないで、刑罰を科することはできない（第三一条）。しかも裁判は公平に、そのうえ、早くやらなくてはいけないし、また公開でなくてはならない。すなわち、誰でも見ている前で、誰でも聞いている前でやらなくてはいけない（第三七条）。罪を犯したかどうかをしらべるときも、どこまでも人間をたいせつに取扱わなくてはいけない。拷問などというものは絶対に許されない（第三六条）。被告人はすべての証人にたいして審問する機会をじゅうぶんに与えられ、また、公費で自分のために証人を呼び出させることができる。被告人はいつでも弁護人を頼むことができる。もし、本人が頼めないときは国でこれを頼んでやる必要がある（第三七条）。しらべにさいしては、何人も自分に不利益なことを、むりにいわされることはない。拷問されたり、おどかされたりして、むりに自白させられたことや、また長いあいだ、つかまっていたあとでした自白は、裁判するときに証拠にできない。そういう自白は本人の本心から出たものでない恐れが多いからである（第三八条）。

（一二）住居の不可侵

国民のすまいは神聖なものだと考えられる。イギリスに「私の家は私のお城である。それはぼろやで、雨はもるし、風は吹きこんでくる。しかし、国王は入ることができない」という言葉がある。どんなぼろやでも、国家の権力は人のすまいの中へ入っていくことができないという意味である。すまいは人の私生活の舞台であるから、それを尊重することが、人の自由を尊重することになる。だから、どこの憲法でも住居の不可侵を定めている。

明治憲法もこれを定めていたが、新憲法はいっそうくわしく定めた。お役人が人のすまいに入ったり、その書類や持ちものをしらべるには、ちゃんとした令状を持っていかなくてはならないことになっている（第三五条）。

⁂

いままでの憲法はどれも私有財産制度をみとめ、個人の財産権をむやみに侵してはならないと定めている。

明治憲法は所有権は侵されないと定めた。新憲法は「財産権は、これを侵してはならない」と定めている（第二九条）。これはいずれも私有財産制度をみとめたものである。

もちろん、私有財産制度をみとめるといっても、私有財産の持ち主は、勝手気ままにその財産を使っていいという意味ではない。すべて財産の持ち主は、その財産を濫用してはならず（第一二条）、つねに社会全体の利益に合うように、その財産を使わなくてはならない。たとえば、たくさんの人が住む家がなくて困っているのに、いくら自分の家だからといって、ひろい家を誰にも貸さずに、あけたままでおくなどというのは、財産の濫用であって、許されない。新憲法が「財産権の内容は、公共の福祉に適合するように、法律でこれを定める」というのも同じ意味である（第二九条第二項）。

公共の必要があるときは、私有財産を強制的にとりあげることもある。たとえば、鉄道を引こうというときは、その線路にあたる土地は、たとえその持ち主がいやだといっても、とりあげることができる。もしそうでないと、鉄道を引くことができなくなるからである。もっとも、ただでとりあげるわけではない。必ず正当な金を補償として与えなくてはならない（第二九条第三項）。

＊＊＊

明治憲法は婚姻や家についてては全然規定しなかったが、新憲法はそれについても定めている。

まず婚姻は、男と女の合意だけでできあがる。いままでのように、親の賛成も、戸主の許しもいらない。本人同士が夫婦になろうと話がきまれば、それですぐ夫婦になれるのである。しかも、夫婦は同等の権利をもつ。いままでのように、夫が妻より有利な地位にいるということはなくなる（第二四条第一項）。

次に婚姻のほか、家庭や親類に関する事項について法律を作るさいにも、「個人の尊厳と両性の本質的平等」をもととしなくてはならない（第二四条第二項）。

新憲法はここで、まず第一に、男女同権を定めている。新憲法が「法の下の平等」を定め、男女同権の原則を打ち立てたことは前にのべたし、選挙について男女平等を定めたことも前にのべた。ここでは、親族法や相続法についての男女同権を定めている。日本の家庭における女の地位は、いままで男にくらべてはなはだ低かった。新憲法は低い女の地位を男と同じ高さまで引き上げようとしている。

新憲法は第二に、個人の人格というものを尊重し、個人の意志にたいして外から加えられる干渉を、いっさいとりのぞこうとする。だから、婚姻については親や戸主がとやかくいう余地をなくしてしまうし、それ以外のことについてもそういう制限をすべてとり去ってしまう。そうなると、いままでの民法にあったような「家」とか戸主とかいうものは、やめてしまわなくてはならなくなる。そういうものは、個人の人格が自由にのびていくことの妨げになるからである。民法の「家」がなくなり、戸主がなくなれば、もちろん家督相続というものもなくなる。家督相続では長男が父親の財産を一人で全部もらってしまい、次男以下は一銭ももらわないことになっていたが、これからはそういう相続はなくなり、財産の相続については、兄も弟も——もちろん、男も女も——全く同じように取扱われる。年長者が年少者よりよけいにもらう、というようなことはなくなる。また、「家」がなくなれば、一人娘でも、自由に嫁にいかれるようになる。いままでのように、むりに養子をもらう必要はなくなる。

いままでの日本の家族制度は、とかく個人の自由な活動に多くの制限を加えた。そのため個人が自由に、のびのびと生活することが非常に妨げられた。しかし、新憲法はそういう制限をとりのぞいたので、これからは個人がいままでよりは自由に、のびのびと生活することができるようになるだろうと思う。もちろん、法律上の「家」がなくなったからといって、われわれの家庭生活がなくなるわけではない。人間はいつでも、どこの国でも、夫婦親子がいっしょに家庭生活を営んでいる。われわれの私生活はいつも家庭生活である。この家庭生活は、これからのちもますます、たいせつに保護していかなくてはならない。いままでの法律上の「家」というものは、このような家庭生活をむしろ妨げたのであるから、それを廃止することは、ほんとうの家庭生活のために、まことによろこばしいことと思う。

＊＊＊

さきに説明したように、アメリカの独立宣言は、国家とか政府とかいうものは国民が生れながらもっている権利を守るために作られるのだ、といっている。この考えでいくと、国家は国民の権利を保護していさえすればいいので、それ以上にすすんで国民の幸福を増しすすめるために、骨を折る必要はないことになる。国家は、人を殺したり、物を盗んだり、そのほか社会生活の安全を破る者をじゅうぶん取締らなくてはいけない。しかし、個人の教育のことや、経済のことは、個人の自由にまかせておけばよろしい。国家がかれこれ世話をやく必要はない。またそういうことで世話をやいてはいけない。

こういう考えを自由主義というが、右のように教育や経済のことはすべて個人の自由にまかせておくと、その結果は国民の自由が名ばかり守られて、実際には少しも守られないことになる。たとえば、教育のことを個人の自由にまかせておけば、金のない者は子供を学校へやらなくなる。そうすれば、国民の多数はいつまでたっても教育されず、したがって、ほんとうに幸福な生活をすることができない。また、経済のことを個人の自由にまかせておけば、今日のように物が少い時代には、金のある人の手にはいくらでも物がはいろうが、金のない人の手には少しも物がはいらなくなるだろう。たとえば、いま百姓は米を供出してもしなくても自由だ、ということになったら、はたしてすべての国民の手に、わずかでも米がはいるかどうか、あやしい。

そこで、国民の自由を名ばかりのものにしてしまわないためには、どうしても教育や経済のことにも国家が口を出し、これを個人の自由にまかせきりにしないで、国家がいろいろ世話をやくことが必要である。たとえば、教育でいえば、国民はすべて子供を学校へやらなくてはいけない、と国家が法律で決める必要がある。そうしなければ、いつまでたっても無教育な国民はなくならない。いま日本でふつうの教育をうけていない人がほとんどいないのは、明治このかた、国家が義務教育を行い、子供を学校へやらなくてはいけないと定めたからである。また、経済でいえば、百姓は米を供出しなくてはいけないとか、鉄道は何よりもさきに石炭を運ばなくてはいけないとか、戦災者や引揚者にはとくべつに物を配給しなくてはいけないとか、いうことを法律できめる必要がある。それをしないで、自由にまかせておいたら、金のない者や戦災者や引揚者は、生きていかれなくなるにちがいない。

近代の国家はどこでも、たんに国民の自由を守るというだけでなく、さらにすすんで国民の幸福を増しすすめるために、教育や、経済や、そのほか国民生活のいろいろな方面に口を出し、それによって金のない人たちも、ほんとうに自由な生活ができるようにしようと努力している。こういう国家を社会国家という。

新憲法は日本を社会国家にするために、いろいろな規定を設けている。

「すべて国民は、健康で文化的な最低限度の生活を営む権利を有する」（第二五条第一項）。この権利を生存権という。最低限度の生活といっても、ただ動物のように生命をつないでいくだけの生活をいうのではない。人間らしい生活でなくてはいけない。いやしくも国民たるものは、どんな貧乏人でも、そういう生活をする権利をもっている。

したがって、国家は国民が一人残らず、健康で文化的な最低限度の生活を営むことができるように、あらゆる方面で力をつくさなくてはいけない。泥棒をつかまえたり、火事を消したりすることもたいせつであるが、国民の一人一人の生活を安定させることは、いっそうたいせつである（第二五条第二項）。

すべての国民は、その能力に応じてひとしく教育をうける権利を有する（第二六条第一項）。いままではいくら能力があっても、金のない者は上の学校へすすむことができなかった。新憲法はそれを改めて、どんな貧乏人でも、実力さえあれば、上の学校へいけるような法律をこしらえようというのである。

教育の義務は日本で明治のはじめから定められていたが、明治憲法にはその規定はなかった。新憲法は、国民はその保護する子女を学校へやる義務があることをはっきり定めた。義務教育では月謝はとらない（第二六条第二項）。

新憲法はさらに、勤労の権利と義務をみとめた（第二七条）。国民が勤労の権利を有するというのは、いやしくも働こうという気持のある者は、必ず働く職場を見つけることができるようにしてやらなくてはならない、ということである。失業者が出ないように、もしまた失業者が出たら、これをじゅうぶんに守ってやるように、国家はできるだけ力をつくさなくてはいけない。ただ、だまって見ていることは許されない。

国民が勤労の義務を負うというのは、「働かざる者は食うべからず」ということである。いやしくも働ける者は必ず働かなくてはならない。働く力があるくせに働かずにいるような人間は、一人もあってはならない。いままでは金がたくさんある人は、何も働かずに食っていた。そういう人があるかと思うと、よそでは、いくら働いても働いても食っていかれない人もあった。これではいけない。すべての人は働かなくてはいけない。そのかわり誰でも働くことができ、また、まじめに働きさえすれば、ちゃんと食っていかれる、ということにしたい。これが新憲法のめざす理想である。

「勤労」というのは「労働」というのと同じことである。石炭を掘る人も、鉄道を動かす人も、百姓も、会社員も、役人も、みんな勤労する人である。

勤労者は、団結する権利および団体交渉その他の団体行動をする権利を有する（第二八条）。労働者が組合を作ったり、その組合が使用者と交渉したりする権利はこれである。勤労者は資本家にくらべると金がないから、どうしても弱い。だから、一人一人でなく、みんながいっしょに結びつかなくてはならない。みんなが団結してはじめて強くなれる。新憲法は勤労者が、そういう団結権をもつことをはっきりきめたのである。

⁂

これまでに説明したように、国民はいろいろな自由や権利をもっているが、もし、まちがってそれを侵されたらどうするか。たとえば、国会が国民の自由を破る法律を作ったらどうか。政府の役人が国民の自由を破ったらどうか。

国会が憲法の定めにそむいて、国民の自由を破る法律を作るということも、絶対にないとはいえない。もし、そういう法律ができたら、国民は、裁判所に、それは憲法にそむくから適用しないでくれ、と求めることができる。そうすると、裁判所はよくしらべたうえで、その法律が憲法にそむいているとわかれば、憲法違反だときめてそれを適用しない。そして、その法律はそのまま死んでしまうのである（第八一条)。

役人が法律を破って国民に損害を与えることもある。このばあいには損害をうけた者は国または公共団体にむかって、損害賠償を求めることができる(第一七条)。さきにのべたとおり、何人も正当な理由がないのに、むやみにつかまることはないが、もしまちがって、つかまって裁判されたあとで無罪になったときは、国にむかってその補償を求めることができる(第四〇条)。

また、役所の処分がまちがって個人の権利を害したというようなときは、いつでもその個人は裁判所へ訴えて裁判してもらうことができる(第三二条)。たとえば、まちがって税を払えといわれたときや、まちがって営業を禁じられたときは、すぐ訴えることができるのである。

国会

国会というのは、国民が選挙する議員が集まって法律を作ったり、そのほか重大な政治を行う会議である。議会ともいう。

議会はイギリスで生れた。それを世界じゅうの国々がとり入れた。十九世紀このかた文明国という文明国には、どこにも議会がある。議会によって国民の意向にもとづく政治を行い、民主政治の考えを満足させようというのである。

日本でも議会を作れという意見は、明治のはじめから有力だった。明治七年（一八七四年）には、その前年に参議（いまの大臣のような役目）をやめた副島種臣、板垣退助、後藤象二郎、江藤新平などが政府にむかって国会を作ってくれと申し出した。民選議院設立の建白というのがこれである。このころから、すぐに議会を作れという意見と、すぐ作るのはまだ早すぎるから、ゆっくり用意してから作るがいいという意見が、たがいに争ったが、とにかく議会を作らなくてはいけないということは、国民の多数の考えになっていた。

そこで明治憲法は、議会を設けた。これを帝国議会と名づけた。そのうちの衆議院の議員は国民のうちから選挙され、国民の代表者として、国の重要な政治を行った。

新憲法ももちろん議会を設けている。ここでは「国会」という名で呼ばれる。これによって民主政治を行おうというのである。新憲法は国民主権主義を採用しており、国民は日本の政治の主人になっている。しかも、国民は自分で直接に政治を行うことはできない。代表者を選んで政治をやらせなくてはならない。そこでどうしても国会が必要なのである。

新憲法の国会は全国民の代表者である。新憲法は、国会は「国権の最高機関」だと定めている（第四一条）。これは国会が主権者たる国民を直接に代表するものだという意味である。国会議員は各地方で選挙されるが、どこで選挙されようと、議員はその選挙区だけを代表するものではなく、国民全体を代表するものである。たとえば、岡山県から選挙された議員は、けっして岡山県だけの代表者ではなく、日本国民全体の代表者である。これは衆議院議員でも、参議院議員でも、全く同じことである（第四三条）。

＊＊＊

国会には一院制と二院制（または両院制）の区別がある。一院制とは、国民から選挙される衆議院がひとつで国会になっている制度をいい、二院制とは、そういう衆議院のほかにもうひとつ議会があり、それら二つの議会がいっしょになって国会になる制度をいう。二院制のばあいに、衆議院のことを下院といい、もうひとつの議会のことを上院というならわしである。明治憲法でいうと、衆議院が下院で、貴族院が上院であった。新憲法でいうとやはり衆議院が下院であり、参議院が上院である。

一院制がいいか、二院制がいいか、ということは実際になかなかむずかしい問題である。イギリスやアメリカは、ずっと二院制であるが、一院制の国もないわけではない。

明治憲法は二院制を採用し、帝国議会は貴族院と衆議院に分かれるものとした。その趣旨は、衆議院があまり行きすぎた行動をとることのないように、貴族院に抑えさせようというにあった。そして、そのために貴族院には、ひろく国民から選ばれる議員をおかず、華族議員や勅撰議員（政府が自由に任命する議員）をその主力とした。

新憲法ができるとき、一院制がいいか二院制がいいかは、大きな問題であったが、けっきょく二院制ときまった。第四十二条は「国会は、衆議院及び参議院の両議院でこれを構成する」と定めている。新憲法が二院制を採用した趣旨は、やはり衆議院の行きすぎを少しでも参議院に抑えさせようというにある。

明治憲法では、衆議院と貴族院とは全く同じ力をもっていた。法律や予算はいくら衆議院を通っても、貴族院でうんといわなければ、どうしてもできあがらないことになっていた。完全な二院制であった。

新憲法は二院制を採用したが、衆議院と参議院は同じ力をもつのではなく、参議院は衆議院にくらべて、ずっと力の弱いものになっている。衆議院が、あることをしようときめたとき、参議院はそれに反対することはできるが、もし衆議院がどこまでも、その決心を変えずにがんばるばあいには、参議院はけっきょく衆議院のいうとおりになるようになっている。たとえば、ある法律を衆議院で作ろうとする。もしこれに参議院が賛成すればそれで法律はできあがるが、もし参議院が反対したらどうなるか。明治憲法では貴族院が反対したら絶対に法律はできあがらなかった。ところが、新憲法ではいくら参議院が反対しても、衆議院でもういちど三分の二の多数でそれをきめれば、それで法律はできあがってしまうことになった（第五九条）。予算についてもほとんど同じである。衆議院のきめた予算に参議院がどうしても賛成しないときは、衆議院できめたとおりにすることになった（第六〇条）。つまり、衆議院と参議院とは平等ではない。前者が強く、後者が弱いのである。だから、二院制といっても、新憲法の二院制は、ほんとうの二院制ではない。これはイギリスの二院制とよく似ている。イギリスでも下院と上院の意見が違うと、けっきょく下院のいうとおりになるのである。

衆議院の議員は、国民のうちから選挙される。これは明治憲法でも、新憲法でも変りはない。

⁂

参議院の議員も、衆議院の議員と同じように、国民のうちから選挙されなくてはならない。これは明治憲法の貴族院議員とはたいへん違っている。貴族院の議員は、華族議員や、勅撰議員のように、国民になんの関係もないものが大部分であった。ところが、参議院の議員は一人残らず国民から選挙されることになった（第四三条）。

衆議院や参議院の議員に選ばれる資格や、それを選ぶ資格は、人種や、宗教や、性や、家柄や、教育や、財産によって差別できない（第四四条）。どんな人種の人であっても、どんな宗教を信ずる人でも、男でも女でも、家柄や教育程度にかかわらず、また金のあるなしにかかわらず、同じようにその資格を与えなくてはならない（第四四条）。

選挙に普通選挙と制限選挙があることは、さきにのべた。衆議院議員の選挙については、大正十四年（一九二五年）このかた、普通選挙を行っており、昭和二十年（一九四五年）には女子にも男子と全く同じに選挙権を与えることにした。新憲法は衆議院議員の選挙ばかりでなく、参議院議員の選挙のばあいでも、もちろん普通選挙でなくてはならず、また女子にも男子と全く同じに選挙権を与えなくてはならないことにしたのである。

選挙のやりかたのこまかいことは、法律できめる。衆議院議員の選挙は衆議院議員選挙法できまっているし、参議院議員の選挙は参議院議員選挙法できまっている。

衆議院議員の任期は、これまでどおり四年であり、任期がおわったら、また総選挙をやって新しく議員を選ぶ。しかし、衆議院には解散というものがあるから、解散になると議員の任期はそれだけ短くなる（第四五条）。

参議院議員の任期は、衆議院議員の任期より少し長く、六年である。そして、三年ごとに、議員が半分ずつ代ることになっている（第四六条）。つまり、最初参議院議員に当選した者を半分に分け、半分は三年で任期がおわることとし（第一〇二条）、残りの半分は六年任期がつづくものとする。そして、それからのち三年ごとに議員の半分の選挙を行うのである。参議院議員の任期は長いばかりでなく、参議院には解散というものがないから、議員の生命は衆議院議員にくらべて、それだけ長いわけである。

国会議員は全国民に代って、法律や予算を作るというたいせつな役目をもっているから、政府などから干渉されずに、自由独立に国会で活動できるように、憲法でとくに厚い保護をうけている。すなわち、国会議員は国会の会期中は逮捕されることはない。また会期前に逮捕された議員も、その議院の要求があるときは、会期中その身柄を自由にしなくてはならない(第五〇条)。また、議員が議院でしゃべったことや、投票したことについて、院外で責任を負うことはない(第五一条)。これは明治憲法で定めていたところと、だいたい同じである。議員はこういう特権を与えられているから、政府や一般大衆からの干渉にわずらわされずに、独立に、自由にその仕事ができるのである。

議員として活動するためには、もちろんいろいろ金がかかる。そこで国庫は議員にそうとうな歳費（一年間の手当）を与えなくてはならない（第四九条）。

＊＊＊

国会には会期というものがある。

国会は一年じゅう休みなく開いているものではなく、きまった時期のあいだだけ開いているものである。国会の開いている期間を会期という。

明治憲法では帝国議会の会期は、必ず天皇の命令によってはじまることになっていた。議員が議会を開きたいと思っても、開いてくれと天皇や政府に求めることはできなかった。新憲法でも、天皇が国会を召集することになっている（第七条）（召集とは国会の会期をはじめることである）。しかし、議員のほうからも国会を召集してくれと求めることができる。衆議院でも、参議院でも、その議員の四分の一以上から国会を召集してくれと求められたならば、内閣は国会を召集することにきめて、天皇に、そう申し出なくてはならない（第五三条）。

国会が開かれるばあいには、常会と臨時会の区別がある。常会（または通常国会）

とは毎年きまって開かれる定例の国会である。これは毎年一回召集される（第五二条）。臨時会（または臨時国会）は常会のほかに、臨時に必要に応じて召集される国会である（第五三条）。このほかに衆議院が解散され、総選挙が行われたときは、総選挙の日から三十日以内に国会を召集しなくてはならない（第五四条）。このばあいには、特別会（または特別国会）と呼ぶことがある。

さきにいったように、参議院には解散はないが、衆議院には解散がある。ところで、衆議院が解散されると、参議院は同時に閉会となるが、そのばあいは次の総選挙が行われるまで衆議院というものはないから、そのあいだは国会を召集することができない。しかし、そのあいだでも急に法律をこしらえたり、変えたり、予算を改めたりする必要が起らないとはかぎらない。そこで、そういう非常の必要のために、衆議院が解散になり、総選挙が行われないあいだに、緊急に国会を開く必要が起ったときは、参議院だけを開き、参議院にかりに国会の仕事をさせることができることにしている（第五四条第二項）。これを参議院の緊急集会という。たとえば、衆議院が解散したあとで、急に国内の治安がみだれ、それにそなえるために法律をこしらえる必要が起ったとする。そのばあいには参議院を緊急に召集し、参議院だけにかけて、その法律を作ってもらうことができる。そのときは、参議院だけで法律をこしらえることも、予算をこしらえることもできるのである。そのかわり、これはかりの取計らいだから、やがて衆議院議員の総選挙が行われ、正式に国会が開かれたら、さっそくそれを衆議院にかけなくてはならない。そして、国会が開かれてから十日以内に衆議院の同意が得られないと、その取計らいは効力をなくしてしまう（第五四条第三項）。たとえば、参議院が緊急集会で法律をこしらえたとしても、総選挙のあとの国会が開かれてから十日以内に、衆議院がこれに同意しないと、その法律は死んでしまう。

明治憲法では常会の会期は三カ月ときまっていた。そのほかに臨時会もあったが、議員のほうから召集を求めることができなかったので、議会の開かれる期間というものは、きわめて短かかった。毎年冬の三カ月ほど開かれるだけで、あとは議会はほとんど開かれないのが、例であった。もちろん議会が開かれていないときにも、法律をこしらえたり、予算を改めたりする必要が生ずることがあった。しかし、明治憲法では、そういうばあいには、議会を召集しなくとも、政府の手だけで、なんとか間に合わせる方法が定められてあったから、とくに臨時に議会を召集する必要は、わりに少かった。

新憲法ではこれと違って、常会の会期をべつにいくらと定めていない。いずれ国会法できまることであるが、新憲法では議会にかけずに法律をこしらえたり、予算を改めたりすることは、絶対にできないことになっているから、どうしても一年の大部分は、国会が開かれていることになろう。

⁂

衆議院および参議院には議長・副議長そのほかの役員がある。

明治憲法時代には、貴族院と衆議院の議長と副議長は、天皇によって任命された。もっとも、衆議院の議長と副議長は、衆議院で候補者を選挙し、当選した者が任命されたのであるから、実際は衆議院で選挙したのとあまり変りはなかった。また議長・副議長を助ける職員として、書記官長以下の事務局の役員があったが、これらの役員はぜんぶ官吏で、天皇によって任命された。

新憲法はこれを改めて、議院の役員はすべて、その議院が選任することにした（第五八条）。議長も、副議長も、それを助ける事務局の職員も、すべて議院がこれを選任し、天皇はもちろん、内閣もいっさいこれに口を出せないことにした。国会の役員を誰にするかということに、内閣が口を出していいことにすると、内閣が国会の独立を侵すようになって、おもしろくないからである。

衆議院にも、参議院にも、定足数というものがある。これらの会議で、いつも議員が全部出席していなくてはならないときめることは、実際上むりである。しかしながら、そうだからといって、出席者はいくら少くともいいというのもおかしい。そこで、すべての会議では、少くとも何人かは出席していなくては、会議としての仕事をやってはいけないとして、必要な最小限度の出席数を定め、出席者がそれに満たないときは、会議としての仕事をすることができないことにしている。その最小限度の出席数を定足数という。

国会での定足数は、明治憲法では三分の一であった。新憲法でも同様に、両議院はおのおの総議員の三分の一以上の出席がなければ、議事を開き、議決することができないと定めている（第五六条）。

両議院の会議は公開である。誰でも自由に傍聴することができるし、会議の内容は新聞や雑誌に自由に書いてよろしい。明治憲法では政府の要求があるときや、その議院で決議したときは、秘密会とすることができた。新憲法では、その議院で出席議員の三分の二以上の多数できめたときは、秘密会を開いてもいいと定め（第五七条）、政府が秘密会を求める権利をやめにし、なかなか秘密会にできないようにした。どこまでも公開の会議を重んずるわけである。

⁂

国会は「最高機関」であるから、きわめて重大な役割をもっている。

第一に、法律はすべて国会が作る。明治憲法では法律は帝国議会の協賛と、天皇の裁可とによってできあがったが、新憲法では法律は国会がひとりで作るのであって、天皇はこれに関係なさらない。国会が「国の唯一の立法機関」である（第四一条）。

もっとも、天皇は法律を公布なさるのであるが、公布というのはできあがった法律をひろく国民に知らせるだけのことで、法律を作ることではない。

国民の義務を定めたり、そのほかいろいろ国民の守るべき規則を定めるのは、法律でしなくてはいけない。明治憲法では、あるばあいに、そういう規則を天皇が法律によらずに命令で定めることができた。この命令が独立命令である。しかし、新憲法では独立命令というものはみとめられない。そういう規則は例外なしに法律で定めなくてはならない。しかも、法律は必ず国会が作るのであるから、国会の法律を作る力は、新憲法で大いに強くなったわけである。

明治憲法には、また、緊急勅令というものがあって、議会が開かれていないときにも、緊急の必要があれば、天皇の作る命令で法律と同じことをきめることができたが、新憲法では、そういうことはいっさい許されない。国会の法律を作る力はこの点でも、明治憲法時代にくらべてずっと強くなっている。

第二に、予算も国会がきめる。予算というのは国家の金を使うときの規則である。国家の金は一銭でも、予算によらずに使うことができないのである。予算は内閣でこしらえるが、必ず国会にかけなくてはならない。国会がうんといわなければ、予算はできあがらない。明治憲法では予算には帝国議会を通ったうえで天皇の裁可が必要だったが、新憲法では天皇は予算には全然関係なさらない。明治憲法ではやむを得ない必要があるときは、国会にかけずに予算を作ることもできたし、また予算なしに金を使うこともできないわけではなかった。新憲法では、そういうことはいっさい許されない。国会がうんといわないかぎり、国家の金は一銭でも使うことができない。

第三に、条約を結ぶときも国会の承認が必要である。明治憲法では条約は、天皇がお結びになることになっており、議会にはかけなかったが、新憲法では内閣が議会の承認を経てこれを結ぶことにした（第七三条）。いままでは三国同盟の条約でもなんでも、条約というものはすべて議会とは関係なしに、政府だけでこしらえてしまったが、新憲法ではそうはいかない。どのような条約でも国会がうんといわなければ結ぶことができない。この点でも、国会の力がたいへん強くなっている。

明治憲法のもとでは、帝国議会の議院は、何かしらべようと思えば、政府に頼んで材料をもらうことができるだけで、じかに人民にむかって意見をのべたり、ある事柄をしらべるために人民を参考に呼びつけたり、議員をさしむけたりすることは禁じられていた。これでは、議会はいつまでたっても、政府にたいして頭があがりっこない。そこで新憲法は、国会の両議院は政治についてしらべるために必要があるときは、内閣とは関係なしに、じかに人民を証人として呼び出したり、また参考の材料を出せと命ずることができることにした(第六二条)。このために、国会の力はいままでにくらべて、はるかに強くなってきた。

国会はかように重大な役目をもち、その結果強い力をもっているが、さらにそのうえに、内閣は国会にたいして責任を負うから、国会の力はいよいよ強いものになる。国会は「立法機関」であるが、けっして法律を作るだけがその仕事ではない。内閣の行う行政の全体にたいして、国民に代って見はりをすることが、そのたいせつな職務である。

かように、新憲法の国会は、明治憲法の帝国議会にくらべてはるかに大きな力をもっている。それだけに、その責任ははなはだ重い、といわなくてはならない。

内閣

国会が法律を作る。その法律を実地に動かしていくのが、裁判所と内閣の役目である。

法律を実地に動かしていく仕事のうちで、法律を破った者に刑罰を申しつけるのは、裁判所の役目である。また、国民の権利や利益について争いがあるばあいに、第三者の立場から公平にさばいて、どちらのいいぶんが法律上正しいかをきめてやるのも裁判所の役目である。この二つの仕事を、憲法では司法権という。司法権は裁判所の役目である。

国会が作った法律を、実地に動かしていく仕事のうちで、司法権以外のものをひろく行政権という。行政権は内閣の役目である（第六五条）。

近代の諸国の憲法では、権力分立主義（または三権分立主義）という原理が、多かれ少なかれみとめられている。これは立法権（法律を作る仕事）と行政権と司法権とを同じ人に与えると、その人の権力が強くなりすぎ、それが濫用されて、国民の自由や権利がじゅうぶん保護されなくなる恐れがあるから、それらはなるべく違った人の手に与えなくてはいけない、という原理である。つまり、立法権をもつ人と、行政権をもつ人と同じではいけない。また、行政権をもつ人と司法権をもつ人と同じではいけない、というのである。

そこで多くの国では、だいたい立法権を議会に与え、行政権を政府に与え、司法権を裁判所に与えることにしている。アメリカ合衆国でいうと、立法権は議会がもち、行政権は大統領がもち、司法権は裁判所がもっている。明治憲法では立法権も、行政権も、司法権も、すべて天皇の手に集められていたが、その下では立法権には帝国議会、行政権には内閣、司法権には裁判所が加わり、実際には天皇はそのいずれをも行わず、立法権は議会、行政権は内閣、司法権は裁判所がこれを行うという有様であった。

どこの国でも司法権を行う裁判所は、立法権を行う議会や、行政権を行う政府から独立し、それと全く関係しないのがふつうである。しかし、立法権と行政権との関係、つまり議会と政府との関係ということになると、必ずしも、たがいにどこまでも独立というわけにはいっていない。

立法権を行う議会と行政権を行う内閣との関係については、やりかたに二つの主な種類がある。

第一はアメリカ流である。これは、できるだけ権力分立主義をつきつめようというやりかたである。立法権は議会、行政権は大統領がもっているが、これらの二つのあいだには、すべての連絡がたちきられている。議会の議員は政府の役人になれないし、政府の役人は議会へ出席することもできない。政府は議会にたいして責任を負うのではなく、直接に国民にたいして責任を負う。だから、議会が政府にたいして不信任の決議をするなどということはない。反対に政府が議会を解散するということもない。どこまでも大統領の政府と議会とは、はなればなれになっている。このやりかたを大統領制という。

第二のやりかたはイギリス流である。ここではいちおう立法権を議会に与え、行政権を政府に与えるが、議会と政府とをたがいに無関係にせず、反対にそこに、じゅうぶんな連絡をみとめようとする。議会の議員が、政府の役人になることが許されるばかりでなく、内閣の大臣や政務官たちは、みんな同時に議会の議員であるのがふつうである。そして、政府は議会の下院の多数を占める政党によって組織され、その政党の総裁が内閣総理大臣となり、その有力者たちが国務大臣になる。議会と政府とはきわめて密接な関係にあり、政府は議会にたいして責任を負う。下院が政府不信任決議を可決したときは、政府はこれを解散して世論に訴えるか、さもなければ、総辞職するか、どちらかのやりかたを採用しなくてはならない。このやり方を議院内閣制という。

大統領制がいいか、議院内閣制がいいか。これは国により、歴史により違うことで、いちがいに、どちらがいいということはいわれない。日本では、明治のはじめから、イギリス流の議院内閣制の賛成者がなかなか多かった。大正時代には「憲政の常道」ということがやかましく主張されたが、これはつまり、イギリス流の議院内閣制、すなわち政党内閣制ということであった。

大正のはじめとおわりに、憲政擁護運動というものが起った。第一回は大正元年（一九一二年）末に、第三次桂内閣が衆議院の多数党の意志と関係なく成立したことを原因として起った。犬養毅や尾崎行雄が、その運動のために熱心に活動した。第二回は大正十三年（一九二四年）に、清浦内閣がやはり衆議院の多数党の意志と関係なく成立したことを原因として起った。その目的は、つねに、政党内閣の確立ということであり、そこで「憲政」というのは議院内閣制ということであった。

この二回の運動はいちおう成功して、大正十三年六月、第一次加藤高明内閣ができてから、しばらくのあいだ政党内閣がつづいた。しかし、じつをいうと、このときの政党内閣というのは、まだ百パーセントの政党内閣ではなかった。そのころは軍部が強い力をもって政府から独立しており、いかに政党が天下をとっても、軍のことがらについては、少しもくちばしをいれることができなかった。だから政党内閣ができても、陸軍大臣や海軍大臣は軍人にかぎるということになっていた。

こういう政党内閣は昭和のはじめまでつづいたが、軍部から強く排斥され、昭和七年（一九三二年）の五・一五事件で犬養内閣がたおれるとともに、この程度の政党内閣でも、もうつづくことができなくなってしまった。

その後、軍部の勢力が強くなるにつれて、議会の勢力はだんだん弱くなり、しまいには議会は軍部のいうところ、なすところにたいして、拍手かっさいするだけのものになってしまい、政党というものもほとんどなくなってしまった。

日本が戦争に負けて、ポツダム宣言を受諾するとともに、急に事情が変った。軍部というものは全くなくなってしまった。政治上の言論の自由がみとめられ、結社の自由がみとめられるようになったので、政党がいくつもできてきた。

新憲法は日本のこういう伝統からいって、アメリカ流の大統領制よりは、イギリス流の議院内閣制が適当だと考え、いままで「憲政の常道」と呼んできた原理をとりあげて、次のように定めた。

（一）内閣は、国会にたいして連帯して責任を負う（第六六条第三項）。

（二）内閣総理大臣は、国会議員の中から国会が指名する。そのばあい両議院の意見が一致しないときは、けっきょく衆議院の意見に従う（第六七条）。

（三）国務大臣の過半数は、国会議員の中から任命しなくてはならない（第六八条第一項）。

（四）衆議院が不信任の決議案を可決し、または信任の決議案を否決したときは、内閣は十日以内に衆議院を解散するか、総辞職するか、いずれかの道をとらなくてはならない（第六九条）。

（五）衆議院議員の総選挙ののちに、はじめて国会が召集されたときは、内閣は総辞職をしなくてはならない（第七〇条）。

⁂

新憲法の内閣は、いままでの内閣とだいたい同じである。内閣総理大臣と、そのほかの国務大臣とでこれを組織し、内閣総理大臣がその「首長」である（第六六条）。明治憲法では内閣総理大臣は、天皇によって任命された。しかし、実際に内閣総理大臣には誰が適当かということをきめて、天皇に申しあげたのは、元老や重臣であった。新憲法では天皇が、国会の指名にもとづいて、内閣総理大臣を任命することにした（第六条）。すなわち、国会は国会議員のうちから、内閣総理大臣を選んで指名し（第六七条）、その指名された人を天皇が任命するのであるから、実際からいうと、国会が内閣総理大臣をきめるのである。国会できめるばあい、衆議院と参議院とで意見が違い、まとまらないときは、けっきょくは衆議院の意見に従う（第六七条）。法律や、予算や、条約のばあいと同じことである。

国務大臣は、明治憲法時代には、内閣総理大臣の意見にもとづいて天皇が任命したが、新憲法では内閣総理大臣がこれを任命する。天皇はいっさいその任命には関係なさらない。国務大臣の過半数（半分より多い数）は国会議員でなくてはならない。なお内閣総理大臣は国務大臣を任命するばかりでなく、これを自由にやめさせることができる（第六八条）。

内閣総理大臣や国務大臣は「文民」でなくてはならない（第六六条第二項）。「文民」というのは軍人でない人という意味である。

⁂

明治憲法では内閣のいちばん重大な職務は、大権の輔弼《ほひつ》ということであった。明治憲法では行政権はすべて天皇の権能であり、内閣はそれをお助け申しあげる役目をもっていた。したがって、閣議を開いていろいろなことをきめたが、それはたいていは、天皇がおきめになることの下ごしらえであり、内閣だけできめることのできたものはほとんどなかった。たとえば、条約を結ぶのも、官吏を任命するのも、恩赦を行うのも、実際にはみな内閣できめたが、法律上はそれらは天皇の権能であって、内閣の権能ではなかったから、内閣できめたものはさらに天皇の裁可をうけなくてはならなかった。

ところが、新憲法では天皇の権能は非常に小さくなってしまい、いままで天皇の権能だった行政権は、ほとんどすべて内閣の権能となった。条約を結ぶことも、官吏を任命することも、恩赦を行うことも、内閣の権能である。天皇はこれに関係なさらない。

こういうわけであるから、新憲法では内閣のいちばん重大な職務は、みずからの名において行政権を行うことである。とりわけ、法律を正しく行い、国の仕事を取計らうこと、外交関係をとり行うこと、条約を結ぶこと（ただし、国会の承認を必要とする）、官吏の任命そのほかの事務を扱うこと、予算を作って国会に出すこと、政令を定めること、および恩赦をきめることなどは、その主な仕事である（第七三条）。

　このほかに内閣は、天皇の国事に関する行為につき、助言と承認を行う役目がある（第三条、第七条）。さきにのべたように、新憲法では天皇は憲法に定める国事に関する行為だけしか行われないのであるが、それすらひとりでなされることはない。必ず内閣の助言と承認によって行われる。「助言と承認」とは明治憲法にいう「輔弼」と全く同じ意味である。内閣は天皇の国事に関するすべての行為につき、助言と承認をなさなくてはならず、そしてそのことについて全責任を負うのである（第三条）。

司法

司法権は裁判所が行う。司法権というのは、さきにのべたように、罪を犯した者に刑罰を申しつけたり、争いを判断して、どちらが正しいかをきめてやることをいう。

明治憲法でも、司法権は裁判所が行うことになっていた。ただ、明治憲法では司法権は「天皇の名において」裁判所が行うと定め、裁判所はいわば天皇に代って裁判することになっていたが、新憲法にはそういう文句はない。新憲法が国民主権主義をとっている以上、それはあたりまえの話である。新憲法では裁判所は国民の名で、国民に代って裁判するのである。

裁判官は裁判するときには、全く独立でなくてはならない。政府の命令などに従ってはならない。この原理を司法権の独立という。これは明治憲法このかた、きわめてたいせつな原理で、司法権が独立でなくなり、裁判官が政府やそのほかの命令に左右されるようになると、裁判は正しいものでなくなり、国民は裁判所に信頼をおかなくなる。新憲法が「すべて裁判官は、その良心に従ひ独立してその職権を行ひ、この憲法及び法律にのみ拘束される」といっている（第七六条第三項）のは、この司法権の独立を定めたものである。

　司法権の独立をみとめる以上、裁判官の身分を保障し、むやみに裁判官が首をきられないようにする必要がある。明治憲法も、裁判官は、よくよくのばあいでなくては首をきられないことにしていたが、新憲法も、同じように「裁判官は、裁判により、心身の故障のために職務を執ることができないと決定された場合を除いては、公の弾劾によらなければ罷免されない」と定めている（第七八条）。公の弾劾というのは、裁判官に何かふつごうな行動があったとき、これをやめさせるために、弾劾裁判所へ訴えることをいう。弾劾裁判所は国会の議員で組織する裁判所で、そこで慎重にしらべたうえで、はじめて裁判官をやめさせることができるのである（第六四条)。

⁂

裁判所には最高裁判所と下級裁判所とがある。

最高裁判所はいままでの大審院にあたるものであるが、それよりもはるかに重大な役目をもっている。

第一に、最高裁判所は、訴訟に関する手続、弁護士、裁判所の内部規律および司法事務処理に関する事項について、規則を定める権限を有する(第七七条)。この「規則」は、いままで法律で定めていたようなことを定めるもので、最高裁判所がこういう規則を定める権を有するということは、それだけ司法権の立法権からの独立が強められたことになる。

第二に、下級裁判所の裁判官は、最高裁判所の指名した者の名簿によって、内閣でこれを任命することになっている(第八〇条)から、事実上最高裁判所が、すべての下級裁判所の裁判官の任命権を有することになる。

第三に、最高裁判所はいっさいの法律、命令、規則または処分が憲法に合っているかどうかを最後的に、きめる力をもっている（第八一条）。たとえば、法律は国会で作る。法律はもちろん憲法の定めに違反してはいけない。憲法にそむいてはいけない。しかし、国会で憲法に合っているつもりで作った法律でも、じつは憲法にそむいていることがある。そこで、裁判所は事件をしらべるにあたって、法律が憲法の定めにそむいていないかどうかをしらべ、もし憲法にそむいていることがわかったら、その法律は憲法違反（憲法にそむくこと）だときめる。そうすれば、その法律は死んでしまう。もちろん、それに不満な者は、その上の裁判所へ訴えることができる。しかし、いちばん上の最高裁判所がやはり憲法違反だときめると、もうその法律は生きていくことはできない。

アメリカでも同様である。すべての法律は、裁判所で憲法違反だときめられると死んでしまう。このために、アメリカでは裁判所の力が非常に強い。これを司法権の優越と呼んでいる。

司法

新憲法によると、裁判所は、アメリカの裁判所と同じように、法律が憲法違反かどうかをしらべる力をもっているから、国会で法律ができあがっても、その後何かの事件に関係して裁判所へ持ち出され、最後に、最高裁判所で憲法違反とされて、死んでしまうことがあるわけで、国会の多数党がその力にまかせて、憲法の定めた国民の自由や権利を害する法律を作るようなばあいには、最高裁判所によって憲法が守られることになる。

最高裁判所は、こういうとくに重大な役目を与えられているから、その裁判官もじゅうぶん慎重に任命する必要がある。その長たる裁判官は、内閣の指名にもとづいて天皇が任命する（第六条）。そのほかの裁判官は内閣が任命する。そして、最高裁判所の裁判官の任命は、その任命ののち、はじめて行われる衆議院議員の総選挙にさいし、国民の審査に付し、その後十年たったのちにはじめて行われる衆議院議員の総選挙のさいに、もういちど審査に付し、その後も同様とする。つまり、衆議院議員の総選挙のときにそれといっしょに、最高裁判所の裁判官に任命された者が、はたして最高裁判所の裁判官として適当かどうかを、選挙民に投票させるのである。そして、その投票で、国民の多数が不適当だときめた裁判官はやめさせられる（第七九条)。この国民審査は、つまり最高裁判所の裁判官にたいする国民の信任投票である。

下級裁判所の裁判官については、こういう国民審査はないかわりに、すべて任期が十年と定められている。もっとも再任もさしつかえない(第八〇条)。

最高裁判所の裁判官も、下級裁判所の裁判官も、定期に報酬をうけるが、この報酬はその在任中減らされることがない。これはどこまでも、裁判官の独立な身分を保護するためである。また定年の制度があり、定年になったらやめなくてはならない(第七九条、第八〇条)。

⁂

裁判はできるだけ公平に行わなくてはならないので、そのために、公開の法廷で行うことにしている(第八二条)。つまり、裁判は誰でも自由に傍聴できるようになっている。もちろん、おおやけの秩序、または善良の風俗を害する恐れがあるときは、秘密にすることもできるが、そうするには、裁判官が全員一致でそれをきめる必要がある。一人でも秘密にすることに反対の裁判官があれば、公開のままで、裁判をやらなくてはならない。また、政治上の犯罪や、国民の自由権などについて裁判が行われるときは、いつでも公開しなくてはならない（第八二条）。

⁂

明治憲法では、裁判所は司法裁判所と行政裁判所とに分かれていた。そして、民事および刑事の裁判は司法裁判所で行い、行政事件に関する裁判は行政裁判所で行うこととされていた。たとえば、甲が乙にたいして貸金を請求する事件は、民事の裁判であるから司法裁判所で裁判するが、税務署長の課税処分が違法だというので、その取消を求める事件は、行政事件に関する裁判であるから行政裁判所で裁判した。そして、司法裁判所は、いっさい行政事件の裁判はしないということになっていたから、ある事件が民事の事件か行政の事件かをきめることが、なかなかたいせつな、しかも、きわめてむずかしい問題であった。

新憲法はこれを改め、行政裁判所をやめてしまった。そして、行政事件に関する事件もすべて民事事件として取扱うことにした。そこで行政処分が違法だからといって、その取消を求める裁判も，ふつうの民事の裁判と同じように、司法裁判所で裁判されることになった。裁判所というものは司法裁判所一本になり、行政裁判所はなくなってしまった。

財　政

政治でいちばんだいじな問題は、金の問題である。政府や議会や裁判所を動かしていくためには、たくさんの金《かね》がいる。その金をどうして手に入れるか。また、どういうふうにそれを使うか。これがむずかしい問題である。

国家の金はどこから入ってくるか。それには、租税として国民から取りたてるばあいと、公債として国家が金を借りるばあいがある。公債のばあいは、すぐには国民のふところに関係がないように見えるが、公債には利子を払わなくてはならないし、また、いずれは元金も返さなくてはならないから、それもやがては、国民のふところから租税として取りたてるよりほかにはない。つまり、国家の収入はすべて国民のふところからくるのである。そこでそのばあいに、国民を不公平に取扱うことのないように、どこの国でも租税をきめるときも、公債を発行するときも、必ず国民を代表する議会にかけなくてはいけないことにしている。明治憲法でもそうなっていた。新憲法も租税を課するには法律を必要とし（第八四条）、公債を発行するには国会の議決が必要だとしている（第八五条）。

国家が国民のふところから金を取りたてるときに、国会にかけるだけでは、まだじゅうぶんでない。政府がその金をどう使うかをよくしらべないと、国の費用はどしどしふえ、それだけ国民はよけいに金を取りたてられることになる。そこで多くの国は予算という制度を設け、これによって国の金がなるべくむだなく能率的に使われるように、国会に国民に代って監視させようとしている。

政府は毎年どういう目的のために、いくら金を使うということを、あらかじめ予算できめておかなくてはならない。そして、その年度には、その予算できまっている金しか使うことはできない。たとえば、学校を作る費用として予算に百万円のっているとすれば、その金は学校を作ることのほかの目的のために使ってはいけないし、また学校を作るためでも、それより多くの金を使ってはいけないのである。その予算は政府がこしらえて、国会にかける。国会でよろしいといわなければ予算はできあがらない。国会は国民に代って予算を検査し、政府が国民のふところから出る金を、むだに使わないように、その使いみちをやかましくしらべるのである。

明治憲法は、こういう予算の制度をみとめていた。新憲法もやはり同様である。内閣は毎年、予算を作って国会に出さなくてはならず、しかも、その予算にのっていない金は一銭も使えない。したがって、国会の議決にもとづかずには国の金を使うことはできないわけである（第八五条）。もちろん、予算で何から何まで使う金を前もってこまかくきめておくことはできない。そこで予期しない事情によって、予算にのっている金がたりなくなったばあいの用意に、予備費というものをきめておくことができる。しかし、そのばあいでも、それを使ったときは、内閣はあとで国会の承認を得なくてはならない（第八七条）。

予算がなければ、政府は一銭も金が使えなくなるから、国会がもし予算を否決すれば、政府はその仕事をやっていくことができなくなってしまう。明治憲法では議会で予算が通らないときは、前年度の予算でやっていってよろしいということになっていたし、また予算にのっていない金を使うことも、絶対にできないわけではなかったから、政府は議会で予算を否決されても、そのため必ずしも仕事ができなくなるというわけではなかったが、新憲法では、前年度の予算を使うということも許されなければ、予算にのっていない金を使うこともできない。したがって、国会に予算を否決されれば、内閣は一銭も金が使えず、したがって何も仕事ができなくなってしまう。つまり、新憲法では国会が政府の財布の紐をぎゅっと強く握っているわけで、政府は国会にたいしては、どうしても頭があがらないようになっている。

地方自治

地方の政治を、その地方に住む人たちが、自分の手で行うことを地方自治という。民主政治を行うためには、国家全体の政治を国民が自分の手で行うようにすると同時に、府県とか市町村とかいう地方団体の政治は、その地方の人たちの手で行わせるようにしなくてはいけない。民主政治がほんとうに実を結ぶためには、地方自治をじゅうぶんに育てあげることがぜひ必要である。

明治憲法は地方自治のことは規定しなかった。しかし、けっして地方自治を軽んじていたわけではない。明治憲法を作るときにも、憲法をうまく動かしていくためには、まず地方自治をしっかりと育てあげることが絶対に必要だというので、憲法を作るにさきだって、明治二十一年(一八八八年)には市制町村制という法律を出して、地方自治のもといを定めた。そして、それから半世紀以上のあいだに、地方自治はだいたいにおいて、少しずつ成長してきたといってよろしい。

新憲法も民主政治を行うためには、地方自治を育ててあげることが絶対に必要であると考え、地方自治のことを、とくに憲法の中で定めることにした。そして、「地方公共団体の組織及び運営に関する事項は、地方自治の本旨に基いて、法律でこれを定める」と規定した（第九二条）。「地方自治の本旨に基いて」というのは、地方の政治が大小となく、その地方の人たちの意向にもとづいて行われるようにすべきだという意味である。

地方公共団体とは府、県、市、町、村というような地方を単位とする団体で、北海道や、東京都ももちろんこれにはいる。いままでこれらの地方公共団体にはかならず、人民から選挙された議会があったが、新憲法もそういう議会を設けなくてはならないと定めている（第九三条第一項）。府会、県会、市会、町会、村会、それから北海道の道会、東京都の都議会などが、つまり、この議会である。これらを地方議会と呼ぶ。

新憲法は地方公共団体の長は、その地方の住民が直接に選挙すると定めた（第九三条第二項）。いままでは、府県知事や、北海道庁長官や、東京都長官は政府で任命していたが、昭和二十一年（一九四六年）に改めて、住民が直接に選ぶことにした。市町村長は、おのおのその議会で、すなわち、市長は市会、町長は町会、村長は村会で選挙することにしていたが、これも同じ時に改めて、住民が直接に選ぶことにした。新憲法もそのやりかたをとりあげて、そういう長は全部住民が直接に選ぶことにした。府県の知事も、北海道の知事も、東京都の知事も、市長も、町長も、村長も、みんな住民が選挙するのである。

憲法改正

憲法は国の政治のもとになる規則であるが、時代が変り、事情が違ってくると、改正の必要が生ずる。政治のやりかたというものは、国家の社会的な、または経済的な事情が大きく変ってくると、どうしても違ってこなくてはならないからである。

しかし、政治のもとになる規則というものは、あまり軽々しく変ってもこまる。それがあまりちょくちょく変るようでは、政治がおさまらず、したがって、国民の生活もおちつかないだろう。そこで、どこの国でも——もちろん、イギリスのような憲法のない国はべつであるが、いやしくも憲法をもっている国はどこでも——一方において憲法を改正する手続を定めると同時に、他方において、その改正のやりかたを、ふつうの法律の改正のばあいよりはむずかしいものにしている。すなわち、法律の改正は議会で多数決で決めるのに反して、憲法の改正はそうかんたんにはできないことにしている。

明治憲法でもそうであった。法律は帝国議会で多数決できめたものを、天皇が裁可されれば、それでできあがった。ところが、憲法の改正はそうかんたんにはいかなかった。まず、憲法の改正をいい出すのは天皇（実際は、政府）にかぎられていた。ふつうの法律のように、議会のほうからそれをいい出すことはできなかった。また、憲法改正を議会にかけるときは、議会の各院では三分の二以上の多数が出席したうえに、その三分の二の多数がこれに賛成しなくては、憲法改正はできないことになっていた。

新憲法もやはり憲法の改正は、ふつうの法律とは違って、もっとむずかしい手続によってなされることにしている（第九六条）。

まず憲法を改正するときは、国会がこれを「発議」しなくてはいけない。「発議」とは、はじめていい出すことである。国会がいい出さないかぎり、憲法の改正はできないのである。国会が憲法改正を発議するときには、衆議院と参議院のおのおので、それぞれの総議員の三分の二以上の賛成でそれをきめなくてはならない。したがって、衆議院なり参議院なりの議員の三分の一より一人でも多くの議員が反対すれば、憲法改正の発議はできないことになる。

国会で発議したら、こんどは国民の承認を得る必要がある。そのために、とくに国民投票をやってもいいし、また国会の定める選挙で投票が行われるときに、いっしょに投票させてもいいが、いずれにせよ、国民が国会の発議した憲法改正を承認するかどうかを、投票できめなくてはならない。国民の投票の過半数がそれに賛成したばあいは、国民の承認があったことになるし、そうでなかったばあいには、国民が承認しなかったことになる。

国会の発議した憲法改正を国民が承認すれば、それで憲法改正はできあがる。できあがったら、天皇はただちに国民の名でこれを公布しなくてはならない。「国民の名で」公布するというのは、国民が日本の主権者であり、憲法改正はその国民がみずから行うものであり、天皇はその国民に代ってこれを公布するという意味をあらわしている。

最高法規

新憲法第九十八条には、「憲法は国の最高法規」であると書いてある。これは、憲法はいっさいの法律や命令より強い力をもつもので、すべての法律や命令は憲法の規定に違反することはできない、という意味である。もし、法律や命令で憲法の規定にそむくものがあれば、それは、じつは法律でもなければ、命令でもないので、国民はそれに従う義務はない。また、裁判所はそういう憲法違反の法律や命令は、これを適用しない。

憲法はかように、国家でいちばんたいせつな、そのもとになる法であるから、天皇または摂政、それから国務大臣、国会議員、裁判官、その他の公務員は憲法を大いに重んじ、それをどこまでも守っていく義務を負う(第九九条)。これはもちろん公務員にかぎったことではない。国民全部がそういう義務を有するのである。ただ、憲法を実際に動かすのは、多くのばあい主としては公務員であるから、新憲法は公務員がそういう義務を有することを、とくにとりあげて定めているのである。

あとがき

新憲法はできた。りっぱな民主主義の憲法である。

憲法というものは、しかし、それだけでは、紙の上に書いた文章にすぎない。それが政治の実際において行われるのでなくてはなんにもならない。その国の政治が憲法に書いてあるとおりに、正しく行われるのでなくてはなんにもならない。憲法の文章が実際に行われないならば、その憲法は死んだ憲法である。生きた憲法ではない。

ところで、せっかくりっぱにできた新憲法が、死んだ憲法になってしまわないよう、生きた憲法としてこれからさき、どしどし成長していくようにするには、どうしたらいいか。それには国民のひとりひとりが、新憲法のいちばんだいじな精神をよくのみこむことが必要である。新憲法のいちばんだいじな精神というのは、民主政治ということである。つまり、国民のひとりひとりが、民主政治ということをよく理解することが、新憲法を死んだ憲法にしてしまわないために、何にもまさって必要なのである。

民主政治は国民全体の意志にもとづいて行われる政治である。皇帝や国王が自分の考えだけで行う政治は民主政治ではない。軍人や貴族が行う政治も民主政治ではない。国民の一部が多数の国民をおさえつけて行う政治も民主政治ではない。政府が国民の多数の考えにもとづいて行う政治、しかも、そこでは少数の国民も少しもおさえつけられることなく、自由に政治上の意見をのべることのできる政治、それが民主政治である。

民主政治の考えは明治のはじめから日本にあった。明治元年（一八六八年）の五箇条の御誓文に「廣く會議を興し萬機公論に決すべし」という言葉がある。これはほんとうの民主政治や、議会のことをいったのではないが、それでもやはり、これからの政治の向うべき方向が民主政治であることを、知らず知らずのうちに示している。

その後、民主政治の考えはだんだん力強くなった。福沢諭吉のような民主政治の大思想家の考えは、世間に大きな影響を与えた。そして、とうとう明治憲法ができた。明治憲法がいろいろな民主的な制度を新しく設けたことは、さきにのべたとおりである。

明治憲法のもとにおいても、少しずつではあるが民主政治の力が強くなってきた。とりわけ大正時代にはその考えが非常に有力になった。そのころ、民主政治の考えを日本の青年にひろめるために、いちばん働いたのは吉野作造博士であった。また、明治憲法の解釈と運用を、少しでもよけいに民主政治の方向へ向けるように努力したのは美濃部達吉博士であった。この二人は日本の民主政治にとって忘れてならない功労者である。

こうして少しずつ強くなってきた民主政治は、昭和六年（一九三一年）の満洲事変このかた、だんだん弱くなってきた。軍部の力がこのころから非常に強くなりはじめ、そのために民主政治はサーベルにおさえつけられて、ぐうの音《ね》もでないようになってしまった。

軍部の力がかように強くなった結果は、どうであったか。国民は戦争へ、戦争へとかりたてられ、とうとう今日のような、みじめな有様になってしまった。これというのも、国民がほんとうの民主政治を行うだけの気力をもたず、ただただ軍部のいうなりになってしまったからである。今さら誰を恨むこともない。身から出たさびである。

この有様から日本を再び立ち上がらせるためには、どうしても軍部そのほか民主政治に反対するものをたたきつぶして、ほんとうの民主政治を実行していくよりほかに道はない。いまからでもおそくはない。ほんとうの民主政治を育てあげていくよう、みんなが力を合わせなくてはならない。

民主政治は自由の政治である。国民はそこで身体の自由、言論の自由、宗教の自由など、かずかずの自由をもっている。しかし、自由とは自分の好き勝手をするということではない。自分が自由であると同時に、他人もまた自分と同じように自由である。人間は自分の自由をだいじにすると同時に、他人の自由を尊重しなくてはならない。自分の自由を主張することだけ知って、他人の自由を尊重することを知らない者は、民主政治のいちばんの敵である。

民主政治は平和の政治である。したがって、それは秩序の政治である。国民が憲法を重んじ、法律を忠実に守り、順序をふんで平和のうちに行う政治である。民主政治は自由の政治であるが、いまいったように、自由はけっして勝手ほうだいということではない。国民は言論そのほかの自由をもっているが、どこまでも憲法により、法律に従って、その自由を実際に行わなくてはならない。いうべきことはどこまでもいう。なすべきことはどこまでもなす。しかし、そのばあい、つねに憲法により、法律に従って、秩序正しく行動しなくてはならない。かりにも国法を破り、秩序をみだし、非合法的な方法に訴えるようなことは、民主政治では絶対に許されない。たとえば、政府が気に入らないというならば、総選挙で政府党を負かしてこれをたおすのが、正しい道である。総選挙で政府をたおすことができなかった少数党が、そのほかの方法で——たとえば、暴力で——政府をたおそうなどとするのは、ヤミの政治であり、憲法にそむく非合法なやりかたである。それは民主政治では許されることでない。

民主政治は愛と信頼の政治である。人間同士がおたがいに愛しあい、信じあうところに民主政治が生れる。おたがいに憎みあったり、そねみあったりする人間のあいだでは、民主政治というものは、絶対に生れない。世界じゅうの人間がほんとうに兄弟となったときにはじめて、民主政治が実を結ぶのである。世界じゅうの人間が兄弟になるようにするには、まず日本じゅうの人間が兄弟になるようにしなくてはならない。戦争を放棄して世界の国々と仲よく手を握っていこうという日本の中で、日本人同士がけんかをしていては、平和国家も民主国家もできっこはない。

日本人同士がまず兄弟にならなくてはいけない。それから世界じゅうの人間が兄弟にならなくてはいけない。そうでないかぎり、この世界から戦争と軍国主義がなくなってしまうことはないだろう。

日本国憲法

日本国民は、正当に選挙された国会における代表者を通じて行動し、われらとわれらの子孫のために、諸国民との協和による成果と、わが国全土にわたつて自由のもたらす恵沢《けいたく》を確保し、政府の行為によつて再び戦争の惨禍《さんか》が起ることのないやうにすることを決意し、ここに主権が国民に存することを宣言し、この憲法を確定する。そもそも国政は、国民の厳粛な信託によるものであつて、その権威は国民に由来し、その権力は国民の代表者がこれを行使し、その福利は国民がこれを享受する。これは人類普遍の原理であり、この憲法は、かかる原理に基くものである。われらは、これに反する一切の憲法、法令及び詔勅《しょうちょく》を排除する。

日本国民は、恒久の平和を念願し、人間相互の関係を支配する崇高な理想を深く自覚するのであつて、平和を愛する諸国民の公正と信義に信頼して、われらの安全と生存を保持しようと決意した。われらは、平和を維持し、専制と隷従《れいじゅう》、圧迫と偏狭を地上から永遠に除去しようと努めてゐる国際社会において、名誉ある地位を占めたいと思ふ。われらは、全世界の国民が、ひとしく恐怖と欠乏から免かれ、平和のうちに生存する権利を有することを確認する。

われらは、いづれの国家も、自国のことのみに専念して他国を無視してはならないのであつて、政治道徳の法則は、普遍的なものであり、この法則に従ふことは、自国の主権を維持し、他国と対等関係に立たうとする各国の責務であると信ずる。

日本国民は、国家の名誉にかけ、全力をあげてこの崇高な理想と目的を達成することを誓ふ。

第一章　天　皇

第一条　天皇は、日本国の象徴であり日本国民統合の象徴であつて、この地位は、主権の存する日本国民の総意に基く。
第二条　皇位は、世襲のものであつて、国会の議決した皇室典範の定めるところにより、これを継承する。
第三条　天皇の国事に関するすべての行為には、内閣の助言と承認を必要とし、内閣が、その責任を負ふ。
第四条　天皇は、この憲法の定める国事に関する行為のみを行ひ、国政に関する権能を有しない。

天皇は、法律の定めるところにより、その国事に関する行為を委任することができる。
第五条　皇室典範の定めるところにより摂政《せつしよう》を置くときは、摂政は、天皇の名でその国事に関する行為を行ふ。この場合には、前条第一項の規定を準用する。
第六条　天皇は、国会の指名に基いて、内閣総理大臣を任命する。
天皇は、内閣の指名に基いて、最高裁判所の長たる裁判官を任命する。
第七条　天皇は、内閣の助言と承認により、国民のために、左の国事に関する行為を行ふ。
一　憲法改正、法律、政令及び条約を公布すること。
二　国会を召集すること。
三　衆議院を解散すること。
四　国会議員の総選挙の施行を公示すること。
五　国務大臣及び法律の定めるその他の官吏の任免並びに全権委任状及び大使及び公使の信任状を認証すること。
六　大赦《たいしや》、特赦、減刑、刑の執行の免除及び復権を認証すること。
七　栄典を授与すること。
八　批准書及び法律の定めるその他の外交文書を認証すること。

九　外国の大使及び公使を接受すること。
十　儀式を行ふこと。
第八条　皇室に財産を譲り渡し、又は皇室が、財産を譲り受け、若《も》しくは賜与《しよ》することは、国会の議決に基かなければならない。

第二章　戦争の放棄

第九条　日本国民は、正義と秩序を基調とする国際平和を誠実に希求し、国権の発動たる戦争と、武力による威嚇又は武力の行使は、国際紛争を解決する手段としては、永久にこれを放棄する。
　前項の目的を達するため、陸海空軍その他の戦力は、これを保持しない。国の交戦権は、これを認めない。

第三章　国民の権利及び義務

第十条　日本国民たる要件は、法律でこれを定める。
第十一条　国民は、すべての基本的人権の享有を妨げられない。この憲法が国民に保障する基本的人権は、侵すことのできない永久の権利として、現在及び将来の国民に与へられる。

第十二条　この憲法が国民に保障する自由及び権利は、国民の不断の努力によつて、これを保持しなければならない。又、国民は、これを濫用《らんよう》してはならないのであつて、常に公共の福祉のためにこれを利用する責任を負ふ。

第十三条　すべて国民は、個人として尊重される。生命、自由及び幸福追求に対する国民の権利については、公共の福祉に反しない限り、立法その他の国政の上で、最大の尊重を必要とする。

第十四条　すべて国民は、法の下《もと》に平等であつて、人種、信条、性別、社会的身分又は門地により、政治的、経済的又は社会的関係において、差別されない。

華族その他の貴族の制度は、これを認めない。

栄誉、勲章その他の栄典の授与は、いかなる特権も伴はない。栄典の授与は、現にこれを有し、又は将来これを受ける者の一代に限り、その効力を有する。

第十五条　公務員を選定し、及びこれを罷免《ひめん》することは、国民固有の権利である。

すべて公務員は、全体の奉仕者であつて、一部の奉仕者ではない。

公務員の選挙については、成年者による普通選挙を保障する。
すべて選挙における投票の秘密は、これを侵してはならない。選挙人は、その選択に関し公的にも私的にも責任を問はれない。
第十六条　何人《なんぴと》も、損害の救済、公務員の罷免、法律、命令又は規則の制定、廃止又は改正その他の事項に関し、平穏に請願する権利を有し、何人も、かかる請願をしたためにいかなる差別待遇も受けない。
第十七条　何人も、公務員の不法行為により、損害を受けたときは、法律の定めるところにより、国又は公共団体に、その賠償を求めることができる。
第十八条　何人も、いかなる奴隷的拘束も受けない。又、犯罪に因《よ》る処罰の場合を除いては、その意に反する苦役《くえき》に服させられない。
第十九条　思想及び良心の自由は、これを侵してはならない。
第二十条　信教の自由は、何人に対してもこれを保障する。いかなる宗教団体も、国から特権を受け、又は政治上の権力を行使してはならない。
何人も、宗教上の行為、祝典、儀式又は行事に参加することを強制されない。
国及びその機関は、宗教教育その他いかなる宗教的活動もしてはならない。

第二十一条　集会、結社及び言論、出版その他一切の表現の自由は、これを保障する。
検閲《けんえつ》は、これをしてはならない。通信の秘密は、これを侵してはならない。
第二十二条　何人も、公共の福祉に反しない限り、居住、移転及び職業選択の自由を有する。
何人も、外国に移住し、又は国籍を離脱する自由を侵されない。
第二十三条　学問の自由は、これを保障する。
第二十四条　婚姻は、両性の合意のみに基いて成立し、夫婦が同等の権利を有することを基本として、相互の協力により、維持されなければならない。
配偶者の選択、財産権、相続、住居の選定、離婚並びに婚姻及び家族に関するその他の事項に関しては、法律は、個人の尊厳と両性の本質的平等に立脚して、制定されなければならない。
第二十五条　すべて国民は、健康で文化的な最低限度の生活を営む権利を有する。
国は、すべての生活部面について、社会福祉、社会保障及び公衆衛生の向上及び増進に努めなければならない。
第二十六条　すべて国民は、法律の定めるところにより、その能力に応じて、ひとしく教育をうける権利を有する。

すべて国民は、法律の定めるところにより、その保護する子女に普通教育を受けさせる義務を負ふ。義務教育は、これを無償とする。

第二十七条　すべて国民は、勤労の権利を有し、義務を負ふ。

賃金、就業時間、休息その他の勤労条件に関する基準は、法律でこれを定める。

児童は、これを酷使してはならない。

第二十八条　勤労者の団結する権利及び団体交渉その他の団体行動をする権利は、これを保障する。

第二十九条　財産権は、これを侵してはならない。

財産権の内容は、公共の福祉に適合するやうに、法律でこれを定める。

私有財産は、正当な補償の下に、これを公共のために用ひることができる。

第三十条　国民は、法律の定めるところにより、納税の義務を負ふ。

第三十一条　何人も、法律の定める手続によらなければ、その生命若《も》しくは自由を奪はれ、又はその他の刑罰を科せられない。

第三十二条　何人も、裁判所において裁判を受ける権利を奪はれない。

第三十三条　何人も、現行犯として逮捕される場合を除いては、権限を有する司法官憲が発し、且《か》つ理由となつてゐる犯罪を明示する令状によらなければ、逮捕されない。

第三十四条　何人も、理由を直ちに告げられ、且つ、直ちに弁護人に依頼する権利を与へられなければ、抑留又は拘禁されない。又、何人も、正当な理由がなければ、拘禁されず、要求があれば、その理由は、直ちに本人及びその弁護人の出席する公開の法廷で示されなければならない。

第三十五条　何人も、その住居、書類及び所持品について、侵入、捜索及び押収を受けることのない権利は、第三十三条の場合を除いては、正当な理由に基いて発せられ、且つ捜索する場所及び押収する物を明示する令状がなければ、侵されない。

捜索又は押収は、権限を有する司法官憲が発する各別《かくべつ》の令状により、これを行ふ。

第三十六条　公務員による拷問《ごうもん》及び残虐な刑罰は、絶対にこれを禁ずる。

第三十七条　すべて刑事事件においては、被告人は、公平な裁判所の迅速な公開裁判を受ける権利を有する。

刑事被告人は、すべての証人に対して審問する機会を充分に与へられ、又、公費で自己のために強制的手続により証人を求める権利を有する。

刑事被告人は、いかなる場合にも、資格を有する弁護人を依頼することができる。被告人が自らこれを依頼することができないときは、国でこれを附《ふ》する。

第三十八条　何人も、自己に不利益な供述を強要されない。

強制、拷問若しくは脅迫による自白又は不当に長く抑留若しくは拘禁された後《のち》の自白は、これを証拠とすることができない。

何人も、自己に不利益な唯一の証拠が本人の自白である場合には、有罪とされ、又は刑罰を科せられない。

第三十九条　何人も、実行の時に適法であつた行為又は既に無罪とされた行為については、刑事上の責任を問はれない。又、同一の犯罪について、重ねて刑事上の責任を問はれない。

第四十条　何人も、抑留又は拘禁された後、無罪の裁判を受けたときは、法律の定めるところにより、国にその補償を求めることができる。

第四章　国　会

第四十一条　国会は、国権の最高機関であつて、国の唯一の立法機関である。

第四十二条　国会は、衆議院及び参議院の両議院でこれを構成する。

第四十三条　両議院は、全国民を代表する選挙された議員でこれを組織する。

両議院の議員の定数は、法律でこれを定める。

第四十四条　両議院の議員及びその選挙人の資格は、法律でこれを定める。但《ただ》し、人種、信条、性別、社会的身分、門地、教育、財産又は収入によつて差別してはならない。

第四十五条　衆議院議員の任期は、四年とする。但し、衆議院解散の場合には、その期間満了前に終了する。

第四十六条　参議院議員の任期は、六年とし、三年ごとに議員の半数を改選する。

第四十七条　選挙区、投票の方法その他両議院の議員の選挙に関する事項は、法律でこれを定める。

第四十八条　何人も、同時に両議院の議員たることはできない。

第四十九条　両議院の議員は、法律の定めるところにより、国庫から相当額の歳費を受ける。

第五十条　両議院の議員は、法律の定める場合を除いては、国会の会期中逮捕されず、会期前に逮捕された議員は、その議院の要求があれば、会期中これを釈放しなければならない。

第五十一条　両議院の議員は、議院で行つた演説、討論又は表決について、院外で責任を問はれない。

第五十二条　国会の常会《じようかい》は、毎年一回これを召集する。

第五十三条　内閣は、国会の臨時会の召集を決定することができる。いづれかの議院の総議員の四分の一以上の要求があれば、内閣は、その召集を決定しなければならない。

第五十四条　衆議院が解散されたときは、解散の日から四十日以内に、衆議院議員の総選挙を行ひ、その選挙の日から三十日以内に、国会を召集しなければならない。

衆議院が解散されたときは、参議院は、同時に閉会となる。但《ただ》し、内閣は、国に緊急の必要があるときは、参議院の緊急集会を求めることができる。

前項但書《ただしがき》の緊急集会において採られた措置は、臨時のものであつて、次の国会開会の後《のち》十日以内に、衆議院の同意がない場合には、その効力を失ふ。

第五十五条　両議院は、各〻《おのおの》その議員の資格に関する争訟を裁判する。但し、議員の議席を失はせるには、出席議員の三分の二以上の多数による議決を必要とする。

第五十六条　両議院は、各〻その総議員の三分の一以上の出席がなければ、議事を開き議決することができない。

両議院の議事は、この憲法に特別の定《さだめ》のある場合を除いては、出席議員の過半数でこれを決し、可否同数のときは、議長の決するところによる。

第五十七条　両議院の会議は、公開とする。但し、出席議員の三分の二以上の多数で議決したときは、秘密会を開くことができる。

両議院は、各〻その会議の記録を保存し、秘密会の記録の中で特に秘密を要すると認められるもの以外は、これを公表し、且《か》つ一般に頒布しなければならない。

出席議員の五分の一以上の要求があれば、各議員の表決は、これを会議録に記載しなければならない。

第五十八条　両議院は、各〻その議長その他の役員を選任する。

両議院は、各〻その会議その他の手続及び内部の規律に関する規則を定め、又、院内の秩序をみだした議員を懲罰することができる。但し、議員を除名するには、出席議員の三分の二以上の多数による議決を必要とする。

第五十九条　法律案は、この憲法に特別の定のある場合を除いては、両議院で可決したとき法律となる。

衆議院で可決し、参議院でこれと異なつた議決をした法律案は、衆議院で出席議員の三分の二以上の多数で再び可決したときは、法律となる。

前項の規定は、法律の定めるところにより、衆議院が、両議院の協議会を開くことを求めることを妨げない。

参議院が、衆議院の可決した法律案を受け取つた後、国会休会中の期間を除いて六十日以内に、議決しないときは、衆議院は、参議院がその法律案を否決したものとみなすことができる。

第六十条　予算は、さきに衆議院に提出しなければならない。

予算について、参議院で衆議院と異なつた議決をした場合に、法律の定めるところにより、両議院の協議会を開いても意見が一致しないとき、又は参議院が、衆議院の可決した予算を受け取つた後、国会休会中の期間を除いて三十日以内に、議決しないときは、衆議院の議決を国会の議決とする。

第六十一条　条約の締結に必要な国会の承認については、前条第二項の規定を準用する。

第六十二条　両議院は、各〻国政に関する調査を行ひ、これに関して、証人の出頭及び証言並びに記録の提出を要求することができる。

第六十三条　内閣総理大臣その他の国務大臣は、両議院の一に議席を有すると有しないとにかかはらず、何時《いつ》でも議案について発言するため議院に出席することができる。又、答弁又は説明のため出席を求められたときは、出席しなければならない。

第六十四条　国会は、罷免《ひめん》の訴追を受けた裁判官を裁判するため、両議院の議員で組織する弾劾《だんがい》裁判所を設ける。
弾劾に関する事項は、法律でこれを定める。

第五章　内　閣

第六十五条　行政権は、内閣に属する。
第六十六条　内閣は、法律の定めるところにより、その首長たる内閣総理大臣及びその他の国務大臣でこれを組織する。
内閣総理大臣その他の国務大臣は、文民《ぶんみん》でなければならない。
内閣は、行政権の行使について、国会に対し連帯して責任を負ふ。
第六十七条　内閣総理大臣は、国会議員の中から国会の議決で、これを指名する。この指名は、他のすべての案件に先だつて、これを行ふ。
衆議院と参議院とが異なつた指名の議決をした場合に、法律の定めるところにより、両議院の協議会を開いても意見が一致しないとき、又は衆議院が指名の議決をした後《のち》、国会休会中の期間を除いて十日以内に、参議院が、指名の議決をしないときは、衆議院の議決を国会の議決とする。

第六十八条　内閣総理大臣は、国務大臣を任命する。但し、その過半数は、国会議員の中から選ばれなければならない。

内閣総理大臣は、任意に国務大臣を罷免《ひめん》することができる。

第六十九条　内閣は、衆議院で不信任の決議案を可決し、又は信任の決議案を否決したときは、十日以内に衆議院が解散されない限り、総辞職をしなければならない。

第七十条　内閣総理大臣が欠けたとき、又は衆議院議員総選挙の後に初めて国会の召集があつたときは、内閣は、総辞職をしなければならない。

第七十一条　前二条の場合には、内閣は、あらたに内閣総理大臣が任命されるまで引き続きその職務を行ふ。

第七十二条　内閣総理大臣は、内閣を代表して議案を国会に提出し、一般国務及び外交関係について国会に報告し、並びに行政各部を指揮監督する。

第七十三条　内閣は、他の一般行政事務の外《ほか》、左の事務を行ふ。

一　法律を誠実に執行し、国務を総理すること。

二　外交関係を処理すること。

三　条約を締結すること。但し、事前に、時宜《じぎ》によつては事後に、国会の承認を経ることを必要とする。
四　法律の定める基準に従ひ、官吏に関する事務を掌理《しようり》すること。
五　予算を作成して国会に提出すること。
六　この憲法及び法律の規定を実施するために、政令を制定すること。但《ただ》し、政令には、特にその法律の委任がある場合を除いては、罰則を設けることができない。
七　大赦《たいしや》、特赦、減刑、刑の執行の免除及び復権を決定すること。
第七十四条　法律及び政令には、すべて主任の国務大臣が署名し、内閣総理大臣が連署することを必要とする。
第七十五条　国務大臣は、その在任中、内閣総理大臣の同意がなければ、訴追されない。但し、これがため、訴追の権利は、害されない。

第六章　司　法

第七十六条　すべて司法権は、最高裁判所及び法律の定めるところにより設置する下級裁判所に属する。

特別裁判所は、これを設置することができない。行政機関は、終審《しゅうしん》として裁判を行ふことができない。

すべて裁判官は、その良心に従ひ独立してその職権を行ひ、この憲法及び法律にのみ拘束される。

第七十七条　最高裁判所は、訴訟に関する手続、弁護士、裁判所の内部規律及び司法事務処理に関する事項について、規則を定める権限を有する。

検察官は、最高裁判所の定める規則に従はなければならない。

最高裁判所は、下級裁判所に関する規則を定める権限を、下級裁判所に委任することができる。

第七十八条　裁判官は、裁判により、心身の故障のために職務を執ることができないと決定された場合を除いては、公《おおやけ》の弾劾《だんがい》によらなければ罷免《ひめん》されない。裁判官の懲戒《ちょうかい》処分は、行政機関がこれを行ふことはできない。

第七十九条　最高裁判所は、その長たる裁判官及び法律の定める員数のその他の裁判官でこれを構成し、その長たる裁判官以外の裁判官は、内閣でこれを任命する。

最高裁判所の裁判官の任命は、その任命後初めて行はれる衆議院議員総選挙の際国民の審査に付《ふ》し、その後十年を経過した後《のち》初めて行はれる衆議院議員総選挙の際更に審査に付し、その後も同様とする。

前項の場合において、投票者の多数が裁判官の罷免を可とするときは、その裁判官は罷免される。

審査に関する事項は、法律でこれを定める。

最高裁判所の裁判官は、法律の定める年齢に達した時に退官する。

最高裁判所の裁判官は、すべて定期に相当額の報酬を受ける。この報酬は、在任中、これを減額することができない。

第八十条　下級裁判所の裁判官は、最高裁判所の指名した者の名簿によつて、内閣でこれを任命する。その裁判官は、任期を十年とし、再任されることができる。但《ただ》し、法律の定める年齢に達した時には退官する。

下級裁判所の裁判官は、すべて定期に相当額の報酬を受ける。この報酬は、在任中、これを減額することができない。

第八十一条　最高裁判所は、一切の法律、命令、規則又は処分が憲法に適合するかしないかを決定する権限を有する終審裁判所である。

第八十二条　裁判の対審《たいしん》及び判決は、公開法廷でこれを行ふ。
裁判所が、裁判官の全員一致で、公の秩序又は善良の風俗を害する虞《おそれ》があると決した場合には、対審は、公開しないでこれを行ふことができる。但し、政治犯罪、出版に関する犯罪又はこの憲法第三章で保障する国民の権利が問題となつてゐる事件の対審は、常にこれを公開しなければならない。

第七章　財　政

第八十三条　国の財政を処理する権限は、国会の議決に基いて、これを行使しなければならない。
第八十四条　あらたに租税を課し、又は現行の租税を変更するには、法律又は法律の定める条件によることを必要とする。
第八十五条　国費を支出し、又は国が債務を負担するには、国会の議決に基くことを必要とする。
第八十六条　内閣は、毎会計年度の予算を作成し、国会に提出して、その審議を受け議決を経なければならない。

第八十七条　予見し難い予算の不足に充てるため、国会の議決に基いて予備費を設け、内閣の責任でこれを支出することができる。
　すべて予備費の支出については、内閣は、事後に国会の承諾を得なければならない。
第八十八条　すべて皇室財産は、国に属する。すべて皇室の費用は、予算に計上して国会の議決を経なければならない。
第八十九条　公金その他の公《おおやけ》の財産は、宗教上の組織若《も》しくは団体の使用、便益若しくは維持のため、又は公の支配に属しない慈善、教育若しくは博愛の事業に対し、これを支出し、又はその利用に供してはならない。
第九十条　国の収入支出の決算は、すべて毎年会計検査院がこれを検査し、内閣は、次の年度に、その検査報告とともに、これを国会に提出しなければならない。
　会計検査院の組織及び権限は、法律でこれを定める。
第九十一条　内閣は、国会及び国民に対し、定期に、少くとも毎年一回、国の財政状況について報告しなければならない。

第八章　地方自治

第九十二条　地方公共団体の組織及び運営に関する事項は、地方自治の本旨に基いて、法律でこれを定める。

第九十三条　地方公共団体には、法律の定めるところにより、その議事機関として議会を設置する。

地方公共団体の長、その議会の議員及び法律の定めるその他の吏員《りいん》は、その地方公共団体の住民が、直接これを選挙する。

第九十四条　地方公共団体は、その財産を管理し、事務を処理し、及び行政を執行する権能を有し、法律の範囲内で条例を制定することができる。

第九十五条　一の地方公共団体のみに適用される特別法は、法律の定めるところにより、その地方公共団体の住民の投票においてその過半数の同意を得なければ、国会は、これを制定することができない。

第九章　改　正

第九十六条　この憲法の改正は、各議院の総議員の三分の二以上の賛成で、国会が、これを発議し、国民に提案してその承認を経なければならない。この承認には、特別の国民投票又は国会の定める選挙の際行はれる投票において、その過半数の賛成を必要とする。
憲法改正について前項の承認を経たときは、天皇は、国民の名で、この憲法と一体を成すものとして、直ちにこれを公布する。

第十章　最高法規

第九十七条　この憲法が日本国民に保障する基本的人権は、人類の多年にわたる自由獲得の努力の成果であつて、これらの権利は、過去幾多の試練に堪へ、現在及び将来の国民に対し、侵すことのできない永久の権利として信託されたものである。

第九十八条　この憲法は、国の最高法規であつて、その条規に反する法律、命令、詔勅《しょうちょく》及び国務に関するその他の行為の全部又は一部は、その効力を有しない。
日本国が締結した条約及び確立された国際法規は、これを誠実に遵守《じゅんしゅ》することを必要とする。

第九十九条　天皇又は摂政《せつしょう》及び国務大臣、国会議員、裁判官その他の公務員は、この憲法を尊重し擁護する義務を負ふ。

第十一章 補則

第百条 この憲法は、公布の日から起算して六箇月を経過した日から、これを施行する。
この憲法を施行するために必要な法律の制定、参議院議員の選挙及び国会召集の手続並びにこの憲法を施行するために必要な準備手続は、前項の期日よりも前に、これを行ふことができる。

第百一条 この憲法施行の際、参議院がまだ成立してゐないときは、その成立するまでの間、衆議院は、国会としての権限を行ふ。

第百二条 この憲法による第一期の参議院議員のうち、その半数の者の任期は、これを三年とする。その議員は、法律の定めるところにより、これを定める。

第百三条 この憲法施行の際現に在職する国務大臣、衆議院議員及び裁判官並びにその他の公務員で、その地位に相応する地位がこの憲法で認められてゐる者は、法律で特別の定《さだめ》をした場合を除いては、この憲法施行のため、当然にはその地位を失ふことはない。但《ただ》し、この憲法によつて、後任者が選挙又は任命されたときは、当然その地位を失ふ。

付載

立憲主義

民主制と独裁制

憲法改正案に関する政府に対する質疑（貴族院における）

憲法改正と民主政治（抄）

日本国憲法生誕の法理

憲法の正当性ということ

科学の価値〈憲法二十年――私の評価〉

立憲主義

ここに立憲主義といいますのは、国家組織に関する一定の原理を意味しますが、それは大体において消極積極の両側面をもつと考えられます。

まず消極的側面についていえば、立憲主義は、国家を組織する人たちの自由は国家の目的を達するために必要なる限度においてのみ、国家権力によって制限せられ得《う》べく、決して無制限に国家権力の恣意《しい》に委ねらるべからざるものであることを主張します。すなわち、われわれの生活の全部が国家権力の支配の下にあるのではなく、われわれの生活のなかに国家権力の支配の及び得ぬ一定の範囲が厳存することを主張します。これを自由主義といいます。そしてこの自由主義の結果として左のもろもろの組織上の主義が必要とされます。

権力分立主義　自由主義を貫徹せしむるには、すなわち国民の自由を保障するには、国家権力が恣意的に行われぬように、国家組織を仕組むことが必要である。それには国家の作用の主なものを同一の機関の手に集中せずに、これを数種の機関に分属せしめて、互いに牽制《けんせい》監督せしめ、以《もっ》てその作用の恣意的に流れるのを防ぐのが適当です。そこで近世の自由主義は、国家の作用を立法、行政、司法の三種に区別し、その各々を別の、互いに独立な機関をして行わしめることを原則とします。かくするときは、立法機関は行政機関を掣肘《せいちゅう》し、行政機関は立法機関を牽制し、両者はさらに司法機関によって監督されるという工合になって、国家権力が恣意的に行使される危険が少くなる。この主義を権力分立主義または三権分立主義といいます。

法治主義　権力分立主義において国家の作用は三種に大別されるといまいいました。自由主義の結果として、国家権力により国民の自由を拘束し、その権利義務を定むることは、立法権にのみ留保せられ、換言すれば法律を以てのみこれを定むることが要求せられ、行政および司法は法律によってのみ行わるべきものとせられる。かくのごとき性質をもった立法権（あるいは立法作用）というものを他の諸作用から区別して認めることを法治主義といいます。

法治主義はまた必然的に成文法主義を伴います。

自由主義はかように国家権力が国家本来の目的を超脱することのないことを要求します。

そしてそれがために以上のごとき態様において国家組織が仕組まれることを要求します。しかしながら国家というものが一般国民によって組織せられる団体である以上、自由の保障という自由主義の目的を十分徹底せしめんがためには、単に消極的に権力分立主義ないしは法治主義をとるにとどまらず、進んで積極的に国民一般をして直接間接に国家権力の行使に参与せしめることが必要ではないでしょうか。国民の自由を最もよく知りかつ最もよく愛するものは、国民自身にほかならぬのですから、国民一般の意向に従って国家権力を行使することがやがて自由主義を徹底せしめる所以《ゆえん》ではないでしょうか。

国民一般をして積極的に、直接にあるいは間接に国政に参与せしむること、国政が国民一般の意向に従って行われることを主張する主義を民主主義といいます。民主主義は実に自由主義の当然の帰結であり、その実現の形式であります。しかしてこれが実に立憲主義の積極的側面であります。

民主主義はまず代議制度となって表れました。代議制度とは、国民一般を代表する議会をして国家作用の最も主要なるもの――立法行政――に参与せしめる制度である。かくすることによって国民の意向（世論）に従って国政が行われるようにしようというのです。代議制度は近代立憲主義の最も重大な形式ですから、しばしば代議制度すなわち立憲制度とすら考えられます。普通に議会の存すると否とを以て立憲国と否とを判定するのは、この故であります。

民主主義はかように国民を代表する議会が国家の立法行政に参与することを主張しますが、さらにそれは行政事務を掌《つかさど》る諸機関もまた国民の意向にもとづいて組織せらるべきことを要求します。その結果はあるいは大統領の公選となって表れます（「アメリカ」、「ドイツ」におけるごとし）。あるいは議院主義となって表れます。議院主義とは、行政機関の首脳部が国民の代表者たる議会に対してその行動につき責を負い、その信任を以てその在職の要件とする主義であります。議会は政府を監督し、何時たりともこれに対して信任を拒絶して、以てそれを罷《ひ》免《めん》することができる。これに対して政府はひとたびは議会を解散して一般世論に訴えることができるが、それでもなお議院の信任が得られぬときは職を退く。そして議会の信任を有する者が政府の地位に就く。これが議院主義または議院内閣主義であります。この主義は代議制度とともにその源を英国に発したものですが、その趣旨とするところは、かくすることによって政府の行動をして国民一般の意向に沿わしめんとするにあるのである。すなわち、民主主義を徹底せしめんとするにあるのであります。現今この主義は、種々の様式において、最も多数の国で採用されています。

民主主義はさらに、ある国においては直接民主主義となって表れました。これは国民が選挙以外の重要な国家の行為につき自らこれを決定し、またはこれに参与することを主義とするものである。重要な国家行為についてはこれを議会および政府に一任せずに国民が直接に行おうというのであります。これがためには小さい国では国民総会を催しますが、多くの国では国民投票――通常、「レフェレンダム」といわれる――を行います。その制度を採っている国の主なものは、「スイス」、北米合衆国の諸州、「ドイツ」等であります。

国民が直接間接に国家権力の行使を監督するということは、国家の諸機関が原則として直接間接に国民に対してその行動につき責に任ずることを意味する。すなわち、民主主義はまた責任主義であります。すべての国家機関、特に立法機関および行政機関に対して、国民はその責を問うことができなくてはなりません。議員の選挙といい、大統領その他官吏の公選といい、議院主義といい、すべて国民が責を問うの手段たらざるはありません。

民主主義とは大体右のようなものであります。それは自由主義とはことなった積極的な形相を具えていますが、決してそれと別のものではありません。むしろ民主主義は自由主義実現のための手段であり、形式であるというべきであります。

民主主義自由主義の両者を一括して立憲主義といいます。立憲主義は民主主義の形式に盛るに自由主義の内容を以てしたものといってもいいでしょう。しかして立憲主義を採用する国家がいわゆる立憲国であり、そうした国家の根本組織法が狭義の憲法、すなわちわれわれが通常いう憲法であります。

この立憲主義というものは主として英国に発生して他国に伝わったものであります。その思想は必ずしも英国に限らず、特に十八世紀の自由主義思想に負うところが多いのですが、その表現たるもろもろの制度はほとんどすべて英国に始まったものであります。代議制度、議院主義、議会の両院制度、陪審制度等みなしからざるはありません。この意味において、英国は正に立憲主義の母国だといってよろしい。我が国の立憲制もむろん、欧州および「アメリカ」の立憲制にならって生じたものであります。

民主制と独裁制

タブーと政治観

政治形態あるいは政治形式に関してなされる争いは、それがどのような名の下に争われていても、結局のところは「民主制か、独裁制か」の争いに帰着する。もちろん、この社会における矛盾・闘争は、いろいろなことなる社会的・経済的形態をとってあらわれるだろう。だが、これを純粋に政治形態の問題として観察すると、そこで「民主制か独裁制か」が、永遠の争点を形づくっている。現在、われわれの直面する政治形態についての争いにおいても、これとことならない。

大ざっぱにいうと、一九世紀での政治形態の理想は民主制であった。そこで人たちは民主制のために、そしてそのひとつの現実形態としての議会制のために、はなはだ勝味の多い戦いを戦った。カヴールの「最悪の議院(chambre)といえども最良の次の間(antichambre)

にまさる」というあまりにも有名な言葉は、その当時の民主制・議会制に対する燃えるような信念の代表的な表現にほかならない。二〇世紀は、この前世紀の理想を実現すべく運命づけられているようにみえた。至るところで、独裁的勢力は衰え、民主的な勢力が擡頭《たいとう》した。とりわけ、第一次世界戦争は、民主制・議会制のためにする、独裁制征伐の十字軍であるかのごとき観を呈し、もろもろの王朝は、これによって相ついで崩壊を余儀なくされた。そして、大戦後に成立した諸国の新憲法は、申しあわせたように、民主制・議会制の原理をその基礎としてとり入れた。国民主権主義・議院内閣主義は、そこで政治的な公理と考えられ、選挙法においても、完全な普通選挙制――女子の参政権を伴う――および比例代表制――あるいは少数代表制――が憲法の中で宣言せられた。たとえば、その代表的なものとして、一九一九年のドイツのヴァイマル憲法〔「ヴァイマル」は「ワイマール」とも〕をみるがいい。一九世紀の人たちが理想としていた政治形態の諸原理は、ほとんどすべてそこに実現せられている。

この一挙にして地上に現出したようにみえた民主制の天国は、しかし、その後諸国の政治の現実の中において十分自己を維持しえただろうか。その後の世界の現実の政治情勢は、この問いを否定すべくなんらの躊躇《ちゅうちょ》をも許さなかった。イタリアやロシアはいうまでもない。その他の国々でも、色とりどりの招牌《しょうはい》をかかげた独裁制が、多かれ少かれ、支配的となった。民主制・議会制に対しては、いろいろな方面で、いろいろな程度の制限が加えられて来た。一九世紀的民主思想の典型的成文化であるヴァイマル憲法の薄幸な運命こそ、なにより、こうした推移・変革を如実にもの語るものといわなくてはならない。この憲法は、実施後数年ならずして、戦後のドイツの非常時的情勢に適合しない存在と考えられはじめ、やがて大統領の緊急命令権による大統領・政府の独裁的施政が――ヴァイマルの立法者たちの意図した指導精神には反しつつ――原則となったが、ついにナチ一党による「国民革命」は、完全な独裁制の樹立をもたらし、ヴァイマル憲法は、その後は、単に紙上の存在にすぎないものとなってしまった。

⁂

これと同じような現象が、この国でも、みられたように思われる。

第一回の憲政擁護運動と共にはじまった大正時代は、まことに民主制・議会制花やかなりし時代であったといえよう。このときの民主制・議会制のための戦いは、大正一三年、第二回憲政擁護運動による官僚内閣の没落・議院内閣（政党内閣）の成立と、その翌年の普通選挙制の確立において、その実を結ぶことができた。もっともそれと同時に、マルクシズムの流行・プロレタリア独裁の声は、思想界における民主制・議会制のポピュラリティ〔大衆性〕をいちじるしく失わしめはしたが、もちろん現実の政治機構はそれによって直接に影響せられるところはなかった。いわば、議会制万歳であった。だが、その後は？満洲事件以後の現実の政治情勢は、この国の議会制をして完全にその運転をとどめさせてしまった。下院の絶対多数を占める政党をみるがいい。それは議会の外の「見えぬ(?)手」によって完全に制約せられてしまった。議会制では、政府は議会の委員会であるべきはずだった。だのに、議会はせいぜい政府の顧問機関にすぎなくなった。議会はその本来の機能を全く失ってしまった。そのくせ、人はしきりに選挙法の改正を説き、比例代表制採用の可否などを論じた。あたかも、議会が議会として活動しなくなっても、議会の組織を改良することが、なんらかの実際的意義をもちうるかのように！

　こうした情勢の結果、一時の「デモクラシー」論や、「憲政の常道」論や、「議会中心主義」論やは、まったく影をひそめてしまった。そして、一〇〇パーセント、五〇パーセント等々のマルクシストのほかには、無数のファシスト・ア・ラ・ジャポネーズが、時を得顔に民主制の無力・議会制の没落を合唱しはじめた。

このほとんど世界的な現象——多かれ少かれ独裁制的政治形態の擡頭——は、精神史的には何を意味するだろうか。私はそのもつ意味を政治におけるタブーの再生と呼びうると思う。いかなる意味において、かくいうか。それを明らかにするために、次に政治形態としての民主制および独裁制のもつ精神的内容・実際的機能を考察し、その間の相違を検討するであろう。この点の究明は、民主制と独裁制の本質的相違を明らかにし、後者の擡頭がいかなる意味において政治におけるタブーの再生であるかをわれわれに示すことによって、それが現実にわれわれに何を与えるか？　または、われわれから何を奪うか？　について教えるところが少なくないと考えられる。

***

独裁制と民主制とがそれぞれもつところの精神的内容を理解するには、その両者の基礎となっている政治観——政治的世界観——を吟味しなくてはならない。独裁制と民主制とをそれぞれ基礎づける政治観は、それならば、どのようなものであるか。独裁制を基礎づけるものは、絶対的な権威者をみとめる政治観であり、民主制を基礎づけるものは、絶対的な権威者をみとめない政治観である。

ここにいう政治における「権威者」とは、それならば、何であるか。

いま政治的な価値を、ここでひろい意味で「正義」と呼ぼう。そうすると、政治形態の奉仕するもの、一般的にいって政治の目的が、つねにこの意味の正義の実現にあることは明らかである。しかし、政治の目的は正義だ、といっただけでは、実はまだ何ごとも明らかにせられてはいないのである。その正義の具体的な内容は何であるかが確定せられないかぎりは、「正義による政治」だとか、「天崩るるとも正義あれ」だとかいう文句は、なんらの意味をもたぬタウトロギー〔独語で同語反復の意。〕にとどまるであろう。こうした文句がおよそ意味をもちうるためには、その「正義」になんらかの方法で具体的な内容が与えられなくてはならない。抽象的な正義や、純粋形式としての正義や、あるいは「内容の変る自然法」のようなものではいけない。与えられた時と所において、右すべきか、左すべきか？　の岐路に面した場合に、右すべし、あるいは左すべしとの具体的な政策がそこから生れるような具体的・内容的な正義が見出されなくてはならない。

しかし、かくのごとき具体的・内容的な正義なるものは、はたして十分の明瞭さをもって、われわれに現前するものであろうか。決してそうではない。正義はそのままに具体的内容をもってそこにあるものではない。正義の具体的内容は、つねに具体的な人間の意欲によってのみ与えられうるのである。具体的・内容的な正義は、具体的な人間の口によって語られることによってのみ成立しうるのである。人はしばしば、人間の意欲のほかに、その前に、具体的・内容的な正義が存在しているかのごとくに説く。しかし、それは正しくない。その場合、人間の意欲のほかに、その前に、すでに存在する正義とせられるものは、少くともその具体的・内容的な形相においては、必ずや血と肉をもった人間の意欲から生れるものである。いかなる場合にも、人間の意欲を通じないで、正義が具体的内容を与えられることはない。もろもろの時代における、そして、もろもろの国における「神」を考えてみるがいい。人はそこに必ず神の意志を具体化することの独占権をもつ人間——神の子、使徒あるいはその後継者など——がいて、神の意志はそうした人間の意欲によってのみ具体化せられ、神の具体的・内容的な意志は現実にはその人間の意欲にほかならないことを見るであろう。

正義の具体的内容を宣明する——というのはつまりそれを創造する——資格をもった人間、それがすなわちここにいう「権威者」である。「権威者」をみとめる政治観とは、特定の人間に、他の人間に対する政治的優越性をみとめ、これに正義を形成・確認する独占権をみとめる政治観をいうにほかならない。ここで「権威者」は正義の真の把握者と考えられる。彼こそは具体的・内容的な正義を語る生きた口である。ここで、しかし、彼が何が故にそうした正義の把握者であるか？　と問うことは許されない。そのことは、ただ信じられなくてはならない。そうでないと、彼がはたして正義の把握者であるかどうかが、さらに何人《なんぴと》かによって認定せられなくてはならず、しかもその場合その何人かがはたしてそうした認定を正当に行う権利があるかどうかが、さらに問われなくてはならぬことになるからである。であるから、ここではむしろ、こう考えなくてはならない。「権威者」は、彼がまさしく正義を語るから「権威者」とせられるのではなくて、反対に、彼が「権威者」とせられるからその語るところが正義だとせられるのだ、と。彼が正義を語る「権威者」であることは、ここではすべての問い以前のものとせられる。それはむしろ、すべての問いがこれによってはじめてその基礎を与えられているというふうな、いちばん根底的な前提である。だから、そのことは、なんらの批判・疑いの対象となることはできない。それはひとえに信仰の対象である。「権威者」はかくして信仰の基礎の上に、そしてその上にのみ、立つ。彼は Noli me tangere（われに触るるなかれ）である。あるいは、政治的タブーである。「権威者」をみとめる政治観は、したがって、タブー的政治観である。

＊＊

かような「権威者」をみとめず、タブーを信じない人間は、こうした政治観をもつことはできない。彼の政治観は「権威者」の否認、タブーの否定のそれでなくてはならない。「権威者」をみとめず、タブーを信じない人間は、他の何人に対しても自己より優越な政治的価値をみとめない。それは同時に、自己に対しても、他人より優越な政治的価値をみとめぬことを意味する。これは、すなわち、平等の原理である。平等の原理は、「権威者」の否認を意味する。ところで、もし「権威者」が一般的に否認せられるとすれば、その結果として正義なるものも——少くとも具体的内容をもったものとしては——全く否認せられざるをえなくなり、さらにそれはあらゆる政治形態の否認——政治的懐疑主義・アナルシスム〔仏語で無政府主義、アナーキズムの意〕——とまで行かざるをえぬことになろう。この結果を避けようとすれば、人は単に平等の原理をみとめて「権威者」を否認するにとどまらず、さらに積極的に自律の原理をみとめてすべての人間に対して等しく「権威者」たる資格をみとめなくてはならない。だが、すべての人間の意欲の内容が決して等しくないことはいうをまたない。そこで、無数の正義の生きた口によって語られる多種多様な意欲の中から、どれかひとつの具体的内容が選択せられ、それによって正義の具体的内容が確定せられることが必要となる。それには意見・反対意見の混沌の中から統一的な具体的・内容的な正義をいわば構成すべきひとつの確実な方法が見出されなくてはならない。こういう方法が見出されぬかぎり、平等の原理と同時に自律の原理をみとめ、すべての人間を「権威者」とみとめるということは実は無意味なのである。

　であるから、「権威者」をみとめず、タブーを信じない政治観――ここにいう反タブー的政治観――は、いやしくもアナルシスムに陥ることなく、ひとつの政治形態を基礎づけうるがためには、「権威者」一般をみとめない政治観たるにとどまることをやめて、個々の場合につき「権威者」を構成する方法をみとめる政治観とならなくてはならない。

　要するに、タブー的政治観は正義を独占する「権威者」を信ずる。が、反タブー的政治観はかくのごときものを信じない。ただ「権威者」を構成する方法の確実さのみを信ずる。あるいは、タブー的政治観が絶対的・不変的な「権威者」をみとめるのに対して、反タブー的政治観は、相対的・可変的な「権威者」をみとめるといってもいいかも知れない。

　絶対的・不変的な「権威者」をみとめるか、否か？　この問いにいかに答えるかによって、人はタブー的政治観と反タブー的政治観の二大陣営のいずれにか属すべく余儀なくされる。

＊＊＊

タブー的政治観の要請する政治形態は当然に独裁制でなくてはならない。

ここでは、正義を語る生きた口――「権威者」――はすでにそこにある。このことはあらゆる疑いの彼岸にある。具体的な事件について何が具体的・内容的に正義であるか？ それは、いつでも、この口によって明確に一義的に語られる。その口の語るところはひとつの神託である。批判は許されない。あるいは、それは最高裁判所の判決である。そこに、上訴の途《みち》はない。

したがって、独裁者がすべての政治的権力をその手に独占し、その他の人間はすべてこれに絶対的に服従すべく定められている独裁制が、まさにこのタブー的政治観の要請するところでなくてはならない。そこで、独裁者は正義を語る生きた口である。その語るところは、すなわち、正義にほかならない。それに反対の意見・考え方もあろう。が、それらはみな確実に誤謬《ごびゅう》である。ここでは、独裁者の意欲とことなるということ自体が、その誤謬であることの何より確実な証明なのである。

国家の具体的な政策は、したがって、ここでは独裁者によってのみ決定せられる。そして、独裁者によって決定せられるということ自体が、そこで決定せられた政策の正当性を十分に担保する。だから、「権威者」の決定する政策に対する批判・反対なるものの存しうる余地は、ここには、少しもない。言葉の固有の意味における「反対党」なるものは独裁制では考えられえない。イギリス人のいわゆる「陛下の反対党」のごときものは、ここでは、思いもよらぬことである。

国家の具体的な政策が、かように、完全な正当性の担保の下に、いつでも独裁者によって語られうるとすれば、残る問題はただこの政策を執行することだけである。独裁制において「執行」ということが最前景に出ているのは、きわめて当然のことといわなくてはならない。「権威者」は、ただ信ぜらるべきであり、その語るところは、ただ執行せらるべきである。

***

反タブー的政治観の要請する政治形態は、これに反して、民主制でなくてはならない。

反タブー的政治観は、さきにのべたように、絶対的・不変的な「権威者」の先験的存在を否認し、「権威者」を構成する方法をみとめようとする政治観であるが、民主制こそまさに絶対的・不変的な独裁権力者をみとめず、同じ権利をもって争う無数の意見・反対意見の中から統一的な具体的・内容的な正義を構成すべきひとつの方法であろうとする政治形態である。民主制は「権威者」をみとめない。しかも、それはあくまでひとつの政治形態であろうとするから、必然的に無数の相ことなる意見・反対意見の中から、具体的・内容的な正義を構成すべき方法をもたなくてはならない。その方法は何であるか。多数決が、すなわち、それである。この方法をもつことによってのみ、民主制はアナルシー〔無政府状態、混乱の意の仏語〕に堕することなく、ひとつの政治形態となりうるのである。

多数決の方法は、だから、独裁制を否認する政治形態の、欠くことのできない方法である。それは「権威者」の否認、したがって、具体的・内容的な正義がすでにそこにあることの否認を前提とする。そうした具体的・内容的な正義がすでにそこに与えられていないからこそ、多数決の方法でこれを構成しようというのである。もし「権威者」がみとめられ、したがって、具体的・内容的な正義がその口によって語られて、すでにそこにあるとすれば、政策を多数決で決するというがごときは、およそノンセンスでなくてはならない。いまかりに、増税すべきや否やが実際に問題になったとしよう。もし、独裁制におけるがごとく、特定した「権威者」が厳然とそこにあれば、問題はきわめて簡単である。万事は、その「権威者」——よしそれが総統であれ、宰相であれ、あるいは陸軍大臣であれ——のご託宣によって終局的に決定せられる。が、もしそこに「権威者」がない場合、またはすべての人間が「権威者」である場合は、どうであるか。その場合はこの問題についての具体的解答は、当然には、われわれに与えられていない。ここではじめて、そうした解答を構成すべき方法が必要とせられる。多数決の方法は、ここではじめてその存在理由をもつのである。

要するに、独裁制では「権威者」の神聖不可侵への信仰が支配するが、民主制ではそうした信仰は否認せられ、ただ多数決の方法のみが確実性をみとめられている。独裁制の原理は中世的な credo（われ信ず）である。これに対して、民主制のそれは、デカルト的な le doute méthodique（方法的懐疑）であるともいえようか。

⁂

独裁制と民主制との精神的内容を論じ、その間の本質的差違を明らかにしたわれわれは、すすんで両者の間に存する精神的・本質的差違がどのような実際的・機能的な差違を生むかを考えてみたいと思う。

まず、言論の自由の問題をみよう。

言論の自由なるものは、元来独裁制においては、存在の権利を全然もたない。

独裁制では、タブー性をもつ「権威者」が存し、正義はその口を通じて語られる。だから、「権威者」のいうところに反する言論は確実に誤った言論であるはずである。そうした確実に誤った言論の自由をみとめるというごときは、矛盾でなくてはならない。であるから、「権威者」の言葉に違背する言論は、ここでは一般に許されない。そして、「権威者」の権威を宣揚するための言論か、そうでなくとも、せいぜい「権威者」の権威を害しない範囲の言論だけが自由とせられる。しかし、こうした限定せられた言論の自由は、もとより固有の意味の言論の自由ではない。言論の自由は本来批判の自由でなくてはならない。しかるに、タブーは本来批判の禁止を意味する。タブー的政治観を基礎とする独裁制が言論の自由と本質的に相容れないことは当然であろう。

民主制ではこれに反して、言論の自由は存在の権利をもつ。いや、言論の自由こそ、むしろ民主制の不可欠の前提要件であり、それがなくてはそもそも民主制は存立しえないのである。なんとなれば、各人を「権威者」とみとめ、そこから正義を構成しようとする民主制にあっては、その各人が完全な言論の自由——そこにははじめから「公認」または「官許」の言論なるものはなく、したがって、「異端」的な言論なるものもあるはずはないから、その自由はあらゆる種類の言論におよばなくてはならない、——をもつことが、その当然の前提であり、その前提があることによってのみ、民主制における多数決の方法が意味をもちうるからである。完全な言論の自由がないとすれば、たとえ、そこにどのような民主制的な外観が存しようとも、その政治形態は決してもはや真の民主制ではありえない。

人は、しばしば、次のようにいう。言論の自由といっても、それは決して無制限なものではありえない。たとえば、暴力革命を煽動《せんどう》する言論などは、いかなる場合にも、自由ではありえない。したがって、言論の自由というも、それは決して「完全」であることはできず、つねになんらかの制限に服するのであり、言論の自由・不自由というも、単なる程度の差にすぎず、その間になんらの質的な相違はない、……と。

しかし、言論の自由とその不自由との差を、単に程度の差とするは正しくない。いかにも、言論の自由というも暴力革命を煽動する言論などの自由を含むわけではない。これはいうまでもないことである。だが、注意しなくてはいけない。このことは、実は言論の自由の制限を意味するのではない。なんとなれば、暴力革命を煽動する言論は、実は言論の自由自体を否定しようとする言論にほかならぬからである。言論の自由自体を否定する言論の自由とは、明らかな矛盾ではないか。そうした自由が、言論の自由の中に含まれえぬことは明白である。かくのごとき言論の自由を否定する言論、言論の自由の自殺を意味する言論は、まさに言論の自由の名において、断然排斥せられなくてはならない。かくすることは、決して、真の言論の自由に対する制限ではなく、むしろ真の言論の自由はかくすることによってのみ、完全に成立しうるのである。

ここにも、民主制がアナルシーとことなる点があらわれている。民主制を基礎づける政治観は一種の政治的相対主義であるが、それは懐疑主義ではない。政治価値の相対性の主張自体にたいしても相対的な妥当性しかみとめぬというふうな不可知論的懐疑主義ではない。政治価値の相対性の主張自体は、そこで絶対的に確実とせられるのである。それと同じように、言論の自由は、ここでは決して言論のアナルシーではない。言論的暴行は言論の自由の名において断乎として排斥せられる。これがほんとうの言論の自由である。

＊＊＊

次に、科学の自由について考えてみよう。

言論の自由を容れない独裁制が、本質的に科学に敵意をもつことはいうまでもない。独裁制では、さきにのべたように、「権威者」への信仰が基礎とせられ、これに対する疑い・批判は厳に禁じられる。ところが、科学はまさに疑い・批判することをその本質的機能とする。疑いと批判のないところに科学は成立しえない。この科学が独裁制における「権威者」――それは英雄であり、超人であり、誤ることのない (infailible) ものだ――において、その限界を見出さざるをえないことは、明らかであろう。科学、少くとも政治に関する科学は、独裁制では、全く自由であることはできない。ところで、自由でない科学とは、矛盾である。科学はひとつの方法である。絶対不変の内容がそこに与えられているわけではない。内容はここで無限の変化・発展の可能性をもっていなくてはならない。科学が自由でなくてはならぬというのは、この意味においてである。この自由が否定せられ、科学の内容に一定の限界が与えられているとすれば、それはもはや一般に科学ではない。だから、独裁制においては、真の科学は成立する余地がない。

この結果として、独裁制において、科学と称せられるものは、少くとも政治に関係するかぎりは、つねになんらかの程度において「御用」学たることを免れえない。その大学では官許学説・公認理論が教えられなくてはならない。それに反するものは、異端邪説として説くことが禁じられる。本も異端邪説を説くものは禁書目録に載せられて、そこで読むことを禁じられる。そして、国定教科書、あるいは、文部省検定済の本だけが、使用を許されるであろう。異端邪説を説く者は逐《お》われ、禁書は焼かれるであろう。

人はここでナチ・ドイツを想起するだろう。ドイツでナチ政府によってなされたことどもは、ドイツが独裁制の下にあったことの当然の結果である。独裁制では、いつもああした現象が見られるのである。ほかの国々でも、そこで独裁的な勢力が支配的になって来るにつれて、これと同じようなことがなされるにちがいない。

たとえば、ある独裁制において、その独裁的「権威者」に反対する学説を科学の名の下に説く大学教授があったと仮定しよう。当局――というのはもちろん「権威者」またはその一党であるが――は、躊躇《ちゅうちょ》するところなく、彼を追放してしまうであろう。かりにその場合に、大学自体の同意なしにその教授を免ずることを禁ずる法令があったとしたところで、それが何ごとであろうぞ。もとのドイツの宰相閣下のいい草ではないが、そんなものは「一片の紙きれ」にすぎない。その際、あるいは、その大学の諸教授が、当局の行動をもって違法なりとして反対するかも知れない。しかし、独裁制における政府は、決しておどろくにはおよばない。政府はそこで「権威者」である。誤ることはありえない。政府に楯つく教授たちのほうが、確実に誤っているはずである。そういう誤りを犯す教授は、首を切るがいい。もしその大学の教授たちが、揃《そろ》いも揃って、みなそういう誤りに陥るならば、その大学を閉鎖するのもよかろう。もちろん、教授たちの過誤をそのまま踏襲する学生ごときに対しては、容赦なく弾圧を加うべきであろう。……しかし、心配することはない。一時は政府に刃向うようにみえても、やがては改心して帰順を誓う教授たちが出てくるに相違ない。そして邪道から足を洗って善心に立ち帰った教授たちが、立派に（！）大学を維持していってくれるだろう。そして「権威者」の権威の宣揚のためにいっそうの忠勤を励んでくれることだろう！……

独裁制における政府当局は、きっとこんなふうに考えるにちがいない。

民主制ではこれと全くことなる。ここには科学に奉仕を強制する「権威者」は存しない。反対に、疑い・批判がそこの根本基調を形成する。科学は固有の価値をみとめられる。民主制は、さきにいったように、言論の自由をその生命原理とする。ここに、客観的な科学の成立可能性が与えられている。科学は、ここでは、その方法によっていかなる内容をももちうる。すなわち、それは完全に自由でありうる。

真の科学は、だから、民主制においてのみ可能である。

＊＊＊

次に宗教の自由を考えてみよう。

これについては、科学におけるとは反対に、独裁制のほうが、民主制よりも、宗教に対してより多く好意的である。宗教は科学を特色づける疑い・批判とは本質的に両立しないものであり、信仰をその基礎とするから、それは疑い・批判の精神の支配する民主制よりも、信仰の精神の支配する独裁制により親しむことは当然である。

しかし、独裁制が宗教に好意的であるということは、決してそれがすべての宗教に好意的であることを意味しない。独裁制はそれを基礎づける宗教のみを唯一の正しい宗教とみとめるから、その他の宗教――それは、そこでは「異端」である――に対しては好意的であるどころか、反対に極度に敵意的である。異教の迫害――歴史的意味におけるイントレランス〔不寛容の意の仏語、英語〕――が独裁制を特色づけるだろう。そして、すべての人はそこで国教を信じ、その神を礼拝すべく命ぜられるであろう。もしそこで、他教を信ずるの故をもって、国教の神に礼拝するを拒否する者があるとすれば、その者は国法を紊《みだ》るものとして制裁を加えられるにちがいない（人はここでかつて問題となった一部のキリスト教徒による神社参拝拒否という問題を想起することができよう）。

民主制は本来必ずしも宗教に好意的ではない。それを指導する批判的精神は、宗教的精神とは相容れがたいものといえる。しかし、それはトレランス〔寛容の意の仏語、英語〕を生命原理となし、国教制・異教迫害を厳に排斥することにより、すべての宗教に対して平等に存在の権利をみとめる。だから、いわゆる宗教の自由は、宗教に対して無色・中立である民主制において、いちばん完全にみとめられるであろう。ここでは、何人も自らの神を、その好む態様によって、崇《あが》めることが許されるであろう。もし、彼がそれを欲するならば、なんらの神を崇めないことも、許されるであろう。そして、かくのごとき宗教の自由は、言論の自由と共に、民主制の生命原理に属するものとせられ、そこで、あくまでも擁護せられるであろう。

⁂

独裁制と民主制との精神的内容および実際的機能の相違が、右にのべたようなものであるとすれば、第一次世界戦争から第二次世界戦争に至るあいだにおいて、イタリアやドイツそのほかの国々で、多かれ少かれ、見られたところの民主制の衰微と独裁制の擡頭が、精神史的に何を意味するかは、明らかである。それは、一方において、批判的・科学的・合理的精神の凋落《ちょうらく》を意味し、他方において、独断的・形而上学的・神秘的精神の隆興を意味する。私が政治におけるタブーの再生と呼んだのは、実にこのことにほかならない。政治におけるタブーの再生は、さらに実際的には、言論・科学の自由の死滅を意味し、宗教におけるイントレランスの再生を意味する。

政治におけるかようなタブーの再生は、喜ぶべきことか、悲しむべきことか？　言論・科学の自由の死滅や、宗教的イントレランスの再生は祝うべきことか、嘆くべきことか？それを何人も断定することはできないかも知れない。ただ、次のようにいうことだけはできよう。

信ずる者は幸いなるかな！

同時にしかし、――

信ぜざる者、または異端を信ずる者は不幸なるかな！

憲法改正案に関する政府に対する質疑

（貴族院における）

ただ今の憲法改正が、はたして日本の政治の民主化に役立つかどうかという点については、いろいろ意見がございますが、私はさきほどからの沢田〔牛麿〕議員がおっしゃったところとは違い、むしろ大体において、ただ今板倉〔卓造〕議員がおっしゃったところと同様に、これは日本の政治の民主化の道における重要な一歩前進であると考えております。しかし、その憲法案が非常に完全なものだと考えるのではありません。そこには不明瞭な規定や、不適当な規定が少なからず存するのでありまして、それらがしかるべく修正せられることを希望する者でありますが、それにもかかわらず、全体として、この改正案が成立することを心から祈っております。そういう立場から、この憲法改正案に関する原理的な問題の若干について、きわめて簡単に、箇条的に、おたずね申し上げたいと思います。

質疑の第一点は、ポツダム宣言の受諾ということは、国民主権主義の承認を意味すると思うがどうであろうか、ということであります。ポツダム宣言の第一二項には、御承知のとおり、日本国国民の自由に表明せられた意思にしたがって、平和的傾向を有し、云々、という言葉がございます。さらに、昨年〔一九四五年〕八月一一日のわが国の降伏申入れに対する連合国の回答には、最終的な日本の統治の形態は、ポツダム宣言にしたがって日本国国民の自由に表明した意思によって決定さるべきものである、といわれております。国家の統治形態が、その国民の自由に表明せられた意思によって決定さるべきものであるとする建前は、すなわち、いわゆる国民主権主義にほかならないのであります。したがって、ポツダム宣言の受諾ということは、国民主権主義の承認ということを意味するのであると思うのでありますが、いかがでありましょうか。これが第一点であります。

次に、第二点。この国民主権主義は、終戦までのわが憲法の根本建前と原理的に異なるものであると思うがどうか、という点であります。終戦以前のわが憲法の根本建前は、わが国の統治の形態が、いわゆる天壌無窮の神勅によって、すなわち、神の意思によって決定されるという建前であったと思います。神勅によって、それにもとづき、万世一系の皇統に出でさせ給う天皇が、現人神《あらひとがみ》として日本に君臨し給うというのが、その根本の建前であったと思います。この建前をどういう名前で呼ぶかは問題でありますが、それはともかくと致しまして、この建前は、天皇が国民の意思にもとづいて君臨し給うというものでなかったということは明白であろうと思います。したがって、それは、国民主権主義とは原理的にまったく異なるものであった、異なる建前であったということは、疑いないと思います。もちろん、この建前にもとづく統治形態、すなわち、天皇統治制は、多くの場合、国民の支持を得ていたことでありますし、また御歴代の天皇はつねに国民の意思を何よりも尊重し給うたことでありますが、しかし、それにもかかわらず、そこでは国家の統治の形態が、あくまで、神意にもとづくものとせられたのであります。少なくとも、国家の統治の形態の根拠は、決して国民の意思に存するとはせられなかったのであります。政府はわが国が終戦以前から国民主権主義をその根本建前として居るというふうに説いておられるようでありますが、それは理論的にいって、何としても無理ではないかと思います。皇祖皇宗の遺訓を明徴にするために制定せられ、皇祖皇宗の後裔に貽《のこ》し給える統治の洪範《こうはん》を紹述《しょうじゅつ》したものといわれております明治憲法のどこに国民主権主義を見出すことができるでありましょうか。もしこれを国民主権主義というならば、どのような国家も、いやしくもそれが多少でも継続的生命を有するかぎり、すべて国民主権主義であるといわなくてはならなくなりますし、それでは君主主権主義と国民主権主義との原理的な区別はまったく意味を失ってしまう。その結果として、この憲法改正案が国民主権主義を唱えること自体が、まったく無意味になってしまうのであります。わが国が終戦以前から国民主権主義をみとめていたと説くことは、かように理論的に見て誤りであると思いますが、あるいは、実際的見地から見ては、そう説くことがなんらかの効用をもつという考えもあるかも知れません。しかし、日本の政治がここに建国以来の生れ変りを断行しようという時に、その根本建前が以前と少しも変らないと説くことこそ、現在日本が行いつつある根本的な変革に対する正しい認識を妨げることになり、真の民主政治の実行という目的から見て、実際的にかえって不適当ではないかと考えるのでありますが、いかがでありましょうか。

次に、第三点。新憲法草案は、右に述べたような国民主権主義を採用していると思うがどうか、という点であります。これは、憲法の前文その他からいって、きわめて明瞭であると思うのであります。前文および第一条の字句について、衆議院で多少の修正が行われました。私はこの修正が絶対に必要なものであったとは必ずしも考えないのでありますが、ただ、一部には、政府原案のような表現は、必ずしも、単純な国民主権主義を意味せず、多かれ少かれ、それとは違ったものを意味するという見解が行われ、現にこの憲法改正案の定める国民主権主義は君民共治主義であるとか、さらにそれは必ずしも天皇主権主義と根本的に違うものでないというような見解までみとめられたくらいであります以上、そういう誤解乃至は曲解の生ずる余地を防ぐためには、この修正は適当であったといえようと思います。しかし、いずれにせよ、憲法改正案が国民主権主義を採用していることは、この修正の有無にかかわらず、明白であり、また、それはポツダム宣言受諾によって、最終的統治形態が、自由に表明せられた人民の意思によって定まるとする原理を承認した日本の憲法改正案としては、当然の態度であると思うのでありますが、いかがでありましょうか。

次に第四点。主権者たる国民の中に天皇が含まれるという説明は、理論的にも実際的にも、不適当ではないか、ということであります。政府は、ただ今も金森〔徳次郎〕国務大臣がおっしゃいましたように、主権は国民にある、国民の中には天皇が含まれると説明していらっしゃいます。しかし、天皇の地位が主権の存する国民の総意にもとづくとせられるのに、その国民の中に天皇が含まれると説くことに、どういう根拠があり、また意味があるでしょうか。天皇の地位にいらっしゃる個人が、個人として日本民族の一人であられ、したがって、日本人であられ、日本国民の中に含まれるということは、あまりに当然でありまして、特にことわる理由のないことと思います。問題は、憲法上の制度としての天皇であります。そうして、制度としての天皇は、明白に、主権の存する国民の総意にもとづいて存するのであります。国民が主権を有するということは、国家が主権を有するということとはちがいます。国家の内部において、君主または貴族が主権を有するのではないということを意味するのであります。国民主権を承認しながら、その国民の中に天皇が含まれると説くことは、そう説くことの心持、あるいは感情、単純な国民主権といい切るに忍びないというようなお気持は十分理解しうるところでありますが、それは天皇の地位そのものが主権の存する国民の総意にもとづくという根本原理を曖昧ならしめる恐れがあるばかりでなく、さらに政府が表に国民主権主義を唱えながら、裏から昔ながらの天皇主権主義を忍びこませようとしているなどと誤解せられ、痛くない腹をさぐられる可能性がありはしないかと思います。したがって、この説明は、理論的にも実際的にも、妥当でないのではないかと思うのでありますが、いかがでありましょうか。

次に、第五点であります。国民主権主義の承認を核心とする新憲法は、国体にどういう影響を与えるかということであります。この点は、ただ今板倉議員から詳細にお尋ねがありましたが、私もややちがった角度から、簡単にお伺いしたいと思います。国民主権主義を核心とする新憲法が国体にどういう影響をおよぼしたかということは、衆議院で大いに論議せられたところであります。金森国務大臣は、ただ今この壇でおっしゃったような意味に国体という言葉を理解せられ、その意味の国体は、この憲法改正によって、少しも変っていないと説明しておられます。この説明は、さきほどの板倉議員のお言葉どおりに、私も賛成いたします。しかし、ここで問題と私がいたしますのは、そういう意味の国体でなくて、従来わが国法上、国体とせられてきたものが変ったかどうかということでありま す。国体という言葉が学者によってどう用いられてきたか、あるいはそれは正しくはむしろ政体として呼ばるべきではなかったかというような問題は、しばらく別といたします。ここでは、成文法により、あるいは政府により、公式に、公に用いられた国体の概念を問題といたします。国体という言葉が成文法に現れましたのは、おそらく治安維持法が最初でありましょう。ところで、治安維持法にいわゆる国体とは何を意味するかについて、ちょうど今朝ほどの朝日新聞に出ておりましたように、大審院はこう説明しております。「わが帝国は万世一系の天皇君臨し統治権を総攬《そうらん》し給うことを以《もっ》てその国体となし、治安維持法のいわゆる国体の意味もまたかくの如く解すべきものとす」。そうして、この解釈は、おそらく、わが成文法上の国体概念の説明として、多くの人の賛成するところであろうと思います。もっとも、大審院の判例の中にも、多少これとちがったのもございまして、たとえば、朝鮮の独立運動などをいたしましたことをもって、治安維持法第一条の国体の変革に該当するとした判例もあります。そうして、有力な学説としてこれを支持するものもありますが、これは、おそらく、多数の人の賛成は得ていないと思いますから、別といたしまして、ただ今いいましたような国体、金森国務大臣のおっしゃるような国体ではなくて、従来わが国が、治安維持法によって、その変革を厳禁しようとしたところの国体、すなわち、万世一系の天皇が君臨し、統治権を総攬し給うとする原理は、国民主権主義を核心とする新憲法によって、はたしてどういう影響を受けるでありましょうか。これが問題であります。金森国務大臣は、新憲法の下では、天皇は統治権の総攬者たる地位はもっておられないといっておられます。したがって、私がここで申すような意味の国体は、新憲法によって変っているということを、承認していらっしゃることと思います。衆議院での金森国務大臣の御答弁の中でも、もちろん国体が変ったというお言葉はありませんが、そういう趣旨は明瞭に読みとることができると思うのでありますが、どうでありましょうか。終戦当時、いわゆる国体の護持が問題とせられましたこと、とりわけ昨年の八月一〇日、下村［宏］情報局総裁が、政府は国体の護持と民族の名誉のために、最善の努力をしつつあるという、あの悲痛な声明を発しましたことは、なお私どもの記憶に新たなところであります。その同じ日に、わが政府は、ポツダム宣言が主権的な統治者としての天皇の大権を害するような要求を包含していないとの了解の下にこれを受諾する用意がある、ということを連合国に申し入れました。ここに「主観的な統治者」としての、「ソヴリン・ルーラー」としての、天皇の「プリロガティヴ」〔二九四頁参照〕という表現は、すこぶる明確を欠くのでありますが、その前後の事情の下にこれを解すれば、それが当時護持を叫ばれていたところの国体を意味することは明瞭である。しかも、そこにいわゆる国体は、決して、金森国務大臣のいわれるような国体ではなくて、むしろそれまで国法上用いられた意味の国体、すなわち、治安維持法でその護持を保障したところの国体と、ほぼ同じ意味であったと思います。はたしてそうであるとすれば、日本の最終の統治形態が自由に表明せられた人民の意思によって決定されるとする原理を承認し、国民主権主義を採用することは、理論的に見て、この意味の国体に根本的な変革を与えることといわなくてはならぬと思いますが、いかがでございましょうか。八月一四日の終戦の詔書には、「国体を護持し得て」というお言葉が拝されるのでございますが、主権的統治者としての、「ソヴリン・ルーラー」としての、天皇の「プリロガティヴ」は、無条件降伏によって、重大な侵害を加えられたのではないでありましょうか。少なくとも、天皇の統治権の総攬者たる地位を廃止した新憲法の下においては、そういう意味の国体は決して健在ではあり得ないのではないでしょうか。この点に関連して、国体の変革を承認することは、日本民族または日本国家の同一性を否定する、というような見解があるようでありますが、これは不当であると思います。治安維持法にいわゆる国体が変ったとしましても、また、終戦当時護持を叫ばれた国体が変ったとしましても、日本民族は依然として日本民族であり、日本国家は依然として日本国家であります。民族としての同一性、国家としての継続性は、それによって少しも傷つけられることはないのであります。国体が護持され得なかった、国体が変更されたということを正面から承認することは、多くの国民の感情に多大のショックを与えるかも知れません。その意味において、政府がそれを正面から承認することを避けようとするお気持は十二分に了解されるのでありますが、日本の政治の民主化という大変革を国民全部の心の中に徹底させるためには、そうした――さきほど板倉議員のお使いになった言葉でありますが、――センチメンタリズムを捨てて、冷たい真実に直面することが必要ではないでしょうか。

次に第六点。明治憲法第七三条によって国民主権主義の採用を内容とする憲法改正が許されるか、ということであります。従来、学説では、明治憲法第七三条によって、いわゆる国体の変革を定めることは許されないとせられております。すなわち、明治憲法は治安維持法にいわゆる国体の原理に立脚して作られたものでありますから、その定める憲法改正手続によって、その国体の変革を定めることは、論理的に矛盾であり、法律的には許されないと解されたのであります。したがって、もし終戦以前において、何人《なんぴと》かがこの憲法改正案と同じ内容をもつものを提案したと仮定するならば、その者が治安維持法違反として罰せられるかどうかは別としまして、少なくとも、彼の憲法改正の提案は、おそらく憲法上許されないと考えられたと思いますが、政府はどうお考えになるでしょうか。私はこの度の憲法改正草案は、その前提として、ポツダム宣言受諾によってもたらされた、わが国の政治体制上の根本的な変革、――この変革は、学問的意味において、これを革命と呼んでもいいと思いますが、その言葉がもし誤解を招くおそれがあるとするならば、これをひとつの超憲法的な、憲法を超えた変革と呼んでもよろしいかと思いますが、――そういう変革を考えなくては、それが憲法上許される所以《ゆえん》を説明することができないと思います。すなわち、この度の憲法改正は、単純な明治憲法第七三条による憲法改正ではなくて、終戦によって行われた超憲法的な変革にもとづき、その根拠の上に、明治憲法第七三条によって、しかし、同時にそれを超えて行われる憲法改正だと思うのでありますが、いかがでありましょうか。

最後に、第七点。民定憲法の建前とこの度の憲法改正手続との関係はどうであるか、ということであります。この憲法改正草案は、国民がこれを制定するという建前、いわゆる民定憲法、民が定める憲法という建前に立脚しております。このことは、三月六日の詔書でも、また、改正案の前文でも、きわめて明白であると思うのであります。ところで、政府は、この憲法改正案は明治憲法第七三条によるものとして取り扱っておられるのでありますが、これは民定憲法という建前とどこまで両立するでありましょうか。明治憲法第七三条は、御承知のとおり、いわゆる民定憲法の建前はとっておりません。憲法改正は、議会の議決と天皇の裁可とによって成立する、という建前をとっております。衆議院の速記録によれば、金森国務大臣は、この改正案は明治憲法第七三条によるものでありますから、もちろん、議会の議決のほかに、天皇の裁可があってはじめて成立する、と説明していらっしゃいますが、もしそうだとすれば、この改正は貴族院の意思に反しても、また、天皇の意思に反しても、成立することができないということになるのであります。しかし、そういう建前にもとづく憲法改正、貴族院の意思に反しても、また天皇の意思に反しても成立することができないという憲法改正の前文が、どうして「日本国民は……この憲法を確定する」と宣言することができるのでありましょうか。政府の趣旨は、あるいは、この憲法改正は必ずしも民定憲法の建前を採るものではなくて、その改正手続は全く明治憲法第七三条によるものだというにあるとも解せられます。しかし、もしそうだとしますれば、何が故にその前文で、「日本国民は……この憲法を確定する」というような、典型的な民定憲法、たとえば、アメリカ合衆国の憲法で用いられているような言葉と同じ言葉を用いたのでありましょうか。この改正が公布せられる場合は、おそらく公式令によって、天皇が議会の議決を経た憲法改正を裁可するという趣旨の上諭がつけられることと思いますが、そういう上諭の言葉と、この前文の言葉との間には、明白な矛盾があるのではないでしょうか。政府は、明治憲法第七三条による改正手続においても、国民の代表者たる衆議院の議決があるから、その改正をもって、日本国民がこれを確定したものと考えることがあえて不当でないと解するもののようでありますが、明治憲法第七三条によるかぎり、国民の代表者と考えることのできない貴族院や、天皇の意思に反しては、改正は絶対に成立することができないのであります。国民の代表者の意思のみによっては、改正は不可能なのであります。諸国の憲法の前文に、国民がこれを制定する旨を宣言する例はきわめて多いのであります。それらは、いずれも、現実に、国民の代表者たる憲法議会によって制定せられております。国民の代表者でない貴族院の議決と、天皇の裁可とがなくしては成立することができない憲法の前文に、国民がこれを制定すると書くのは、何としても矛盾ではないかと思います。この矛盾を解決するには、国民が憲法を制定するという建前、すなわち、民定憲法の建前に徹するか、あるいは、明治憲法第七三条の建前に徹するか、この二つ以外には、道はないのではないかと思います。この憲法改正について、もし前の道をとるとすれば、すなわち、民定憲法の建前に徹するとすれば、天皇の裁可ということは理論的に不要となると考えられますし、また貴族院のそれに対する審議権も、衆議院のそれと同等のウェイトをもつものではない、と考えられなくてはならないのであります。もし、これに反して、後の道をとるとするならば、すなわち、明治憲法第七三条の建前に徹するとするならば、この改正は天皇の裁可と貴族院の議決なくしては成立することができないことになります。その結果、日本国民はこの憲法を確定するという前文の言葉は、事実に合しないことになると思いますが、この点について、政府はどうお考えになるでありましょうか。

以上七点について、御質疑申し上げた次第であります。

憲法改正と民主政治（抄）

序言

申し上げるまでもなく敗戦にもとづくポツダム宣言の受諾によりまして我々は民主政治、あるいはデモクラシーというものを確立しなければならぬという国際法上の義務を負わされました。従って我々が欲すると否とにかかわらず我々はそれを実行しなければならぬという地位にあるのであります。ですからそれだけの理由によりましても我々は民主政治とは何であるか、デモクラシーとは何であるかということを一応知らなければならぬわけでありますが、それ以上にこの講義の中で私が申し上げますように、私の信ずるところによれば、民主主義の確立ということは単にポツダム宣言によって我々に与えられた義務であるというばかりでなしに、我国の将来における真の発展のために是非必要なことであると思われますので、その意味においてそれがどういうものであるかということを我々は知らなければならぬと信ずるのであります。すなわち一方においては、我々に与えられた義務として、また他方においては、私の考えによりますれば、将来の日本建設のために必要欠くべからざるものとして、デモクラシー、あるいは民主政治というものを真面目に考えなければならぬのであります。そこで私はここでできるだけ客観的な科学的な立場からこの問題についてお話してみたいと思います。もちろんその間、私も人間でありますから、自ら私の好き嫌いということも現れるかも知れませんが、私としてはなるべく客観的な立場から真理を探究するという方針の下にお話を進めてゆきたいと思います。どうぞ皆さんもそのおつもりでお聴き願いたいのであります。中には民主主義は嫌いだという方もあるでしょうが、しばらくそういうことは別として、デモクラシーとはどんなものであるかということを考えていただきたいと思うのであります。この頃は新聞などを見ますと何でもかでも民主主義だ、デモクラシーだというだけで、一向にデモクラシーの何たるやがわかっていないような様子も見えます。何が何だかわからずに、ただ民主主義民主主義といって時流に迎合しているのでは困ります。ぜひ真面目にデモクラシーとは何であるかということを考えなければならぬと思うのであります。そこで世界の各国においてデモクラシーとはどういうものであったかということをできるだけ客観的にお話申し上げたいと思います。真実の探求、真実の認識ということをもっぱら目標としてお話したいと思います。

その点について余談かも知れませんが、一言させていただきたいと思います。ここ数年というもの、私がこの教室で教えた学生諸君は相ついで学校を捨てて戦場に出て行きました。そうして私は残された兵隊になれない体の弱い学生だけを相手に、この教場は広いので、他の狭い部屋で、細々と講義を続けて参りました。ところがその後、状勢が変りましてまた学生がどんどん帰って来ました。狭い教場では容れられないので、またこの広い教場でほとんど一ぱい位の学生を相手に講義をするようになりました。今までは大体身体の弱い学生を相手に講義して参ったのでありますが、今度丸々と肥えた健康な元気のいい学生諸君が帰って来てくれたということは非常に愉快なことであります。しかし、彼らが一斉に帰って来るようになった事情を考えるとき、私の心は痛まざるを得なかったのであります。ことに、この秋講義を始めましたのが偶然にも九月二日で、わが全権がミズーリ艦上で降伏文書に調印をしたその日でありました。私は無限の感慨をもって講義を始めました。実のところ、講義につきまして最初私は何となく気が進みませんでした。しかし、いろいろ考えてみましたところ、我々の任務というものは真実の探求ということにある。しかもその点について我国においては従来相当に欠けたものがあった。そして、そのこと、すなわち、真実の探求について欠けたものがあったということと今回の敗戦ということとの間にきわめて密接な関係があったのではないか。こういうことを考えました。こう考えますと、真実の探求を使命とする学徒の任務は今日きわめて重大なものがあることを自覚せざるを得ません。そこで私はこういう時にこそ一層熱心に講義をしなければならないのだということを真剣に考えて、あえて戦場から還って来た多くの元気な学生を相手にまた講義を続けようという勇気をもった次第であります。国家の真の正しい発展のために真実の探究ということがいかに必要であるかということは申し上げるまでもないと思います。

あるいは多くの方々がどこかでお読みになったかも知れませんが、フランスのアルフォンス・ドーデの「月曜の話」という本の中に「ベルリンの攻略」という短篇小説があります。普仏戦争でフランスがドイツに大敗けに敗けた、その当時の話です。大ナポレオンの部下だったある老軍人が病気で寝ている。そして、その傍に孫娘がただ一人お祖父さんの看病をしている。その老軍人はなかなか頑固で、戦争はどうかということをたえず訊く。その時にドイツが敗けたというと機嫌がいい。フランスが敗けたというと機嫌が悪い。そうして病気が悪くなる。そこでフランス軍が敗けたという電報が来るとこれを勝ったということにして話す。すると病気がいいので、だんだん嘘を続けていくことになる。お祖父さんはドイツの地理をよく知っていて、もうフランクフルトが落ちた頃だ、もうそれから何日たったからどこどこが落ちた頃だ、この次はどこだというように言うので、孫娘の方でもそれに調子を合わせて嘘をついてあっちこっちのドイツの町が続々落ちたことにする。そのうちにフランス軍はベルリンに達することになり、とうとうベルリンを包囲するということになる。御承知のとおり、現実の戦争ではパリが囲まれてしまうのでありますが、それをベルリンが囲まれたということにしてしまったのです。ところがとうとうパリが陥ちてドイツの軍隊がパリに入城することになりました。お祖父さんは外で太鼓の音が聞えるので、あれは何だと訊く。仕方がないから、あれはフランスの軍隊が堂々凱旋して来るのだという。するとぜひその様子を見たいという。見ちゃいけないというのに、その老軍人がこっそりバルコニーに出て見るのであります。そうしていよいよ待ちに待ったフランスの軍隊が凱旋して来たと思ったところが、なんとそれが敵のプロイセンの軍隊であったのでびっくりして倒れてしまう。こういう簡単な短篇であります。

この話が我々に非常に多くのものを考えさせるのではないかと思います。私ども日本人の中にも、その老軍人のように、軍艦マーチを期待し、提灯行列を期待しておって、そうして突如八月十五日の終戦の大詔を拝承して茫然自失した人がなかったでしょうか。そういうことを考えると、この老軍人の話は単なる笑い話というべくあまりに深刻ではないかと思うのであります。真実の探求、真実の認識ということを我々が怠っていた、あるいは恐れていたということがいかに我々に恐るべき結果を与えたかということは、現在我々お互いがあまりによく知っているところであります。我々がどのような美しい希望をもっていても、それは決してそのまま現実になるわけではありません。一時こういう議論がありました。戦争に敗けると思った者が敗ける、勝つと思った者が勝つのだ。こういう議論でありますいかにもある程度それは真理であります。しかし勝つという主観的な信念があっても、勝つべき客観的な条件が揃わなければ勝つことはできないということはあまりに明白な真理であります。そういうところから見ましても、すべての問題に関して真実を探求し、これを認識するということがいかに重要であるかは今日改めていう必要もないといえましょう。及ばずながら私も学徒の一員として、今回の講義においても、そういう方針で話を進めてゆきたいと思います。聴講者諸君におかれましても、そういう態度で講義を聴き、ものを考えていただきたいと思います。

第一　民主政治概説

第一に、「民主政治概説」という題でお話します。ここで民主政治というものはどういうものであるかという一般的な話を申し上げます。それから日本との関係について申し上げることになります。

ア　民主政治の概念

まず「民主政治の概念」ということから申し上げます。民主政治というものはどういうものであるかということはあまり詳しく申し上げる必要はないと思います。大体皆様常識で御存じのことでありまして改めて申し上げる必要はありませんが、一応申し上げますと、デモクラシーという言葉は誰もが申すとおりギリシャに始まった言葉であります。大体その頃から多数の政治、多数人による政治、その国の多数の人間の意向にもとづいて行う政治が民主政治といわれて来たようであります。プラトン、アリストテレスというような人たちも大体そういう意味に用いております。ただ、プラトンやアリストテレスはあまりデモクラシーというものに好意をもっていません。元来デモクラシーという言葉は悪い意味を伴う言葉であったのであります。それが、近世におきましては、別に悪いという意味はなく、ただ多数人による政治をいうようになって来たようであります。これに賛成の者は良い意味に使い、反対の者は悪い意味に使うというわけです。ここで御参考のために学者の定義を一つ御紹介申し上げます。誰でも知っている本でありますが、デモクラシーの中で一番まとまった本、すなわち、「近世民主主義《モダン・デモクラシー》」という本を書いたイギリスのジェイムズ・ブライスがこういう定義を与えております。デモクラシーというのはその市民の多数が支配するところの政治体制をいう。ところで、その場合、市民というのは住民の大部分を占めていなくてはならない。彼はイギリス人でありますから、住民の大部分といっただけでは満足できない。大部分とはどのくらいだということがさらに問題になる。彼はまずざっとしたところ少なくとも住民の四分の三くらいなくてはいけない、というようなことをいっています。ばかに数字の細かいところがイギリス流でありますが、まず住民の四分の三くらいの者が市民であり、その市民の多数の意志が政治を支配する、こういうのがデモクラシーであるというわけです。それからもう一つ、誰でも知っているリンカン〔「リンカーン」とも〕

の言葉によりますと、デモクラシーというのは人民の政治である、人民のための政治である、人民による政治である“Government of the People, by the People, for the People.”というのであります。デモクラシーという言葉は大体こういう意味であると申して差支えないと思います。日本語では民主主義、民主政治、あるいは民本主義などと申します。

イ　民主政治の発達

次に、民主政治がいかに発達して来たかということを申し上げます。デモクラシーという言葉はギリシャに始まったのであります。しかしデモクラシーが現実に現れたのは近世においてであります。もちろんギリシャにおきましてもデモクラシーが行われたということはいろいろの本に書いてあります。しかしあの場合は、多くの人が指摘していますように、そこの住民の多数が政治に参加していたのではなくて、住民の多数は奴隷として政治には参加しておりません。そこの政治においては少数の者だけが市民であり、その少数の市民の間ではデモクラシーが行われていたのですが、人民全体として見るならば、多数の人間は奴隷であって、これは政治に参加しなかったのですから、その政府は近代的意味における デモクラシーとはいえないのであります。しかし少なくとも自由な市民の間だけではデモクラシーが行われたといってもいいかも知れません。近代の国家ではイギリスとか、アメリカとか、フランスとかいう国がデモクラシーであるといわれておりますが、それはいずれも本国あるいは内地においてのみデモクラシーでありまして、外地との関係においては必ずしもそうでないのであります。たとえば、フランスはデモクラシーの国でありますが、しかし仏印にある安南カンボジアというようなフランスの植民地ないし保護領について考えてみますと、その政治はデモクラシーとはいえません。仏印の土着の人々はほとんど政治には参加しません。ですからフランス本国と植民地とを全部併せた立場から見ると、フランスも完全なデモクラシーとはいえないわけになります。

デモクラシーの生れましたのはやはり十八世紀の終りから十九世紀にかけてであります。ことに十八世紀の終りのアメリカの独立すなわちアメリカ革命、続いてフランス革命、この両革命というものがこの点についての大きな時期を劃《かく》しておりまして、この両革命の推進の下にデモクラシーが世界中に広まった、こう申してもよかろうと思います。この両革命に続く世紀、すなわち十九世紀というものが世界中にデモクラシーを広げた世紀でありまして、その意味で十九世紀を「デモクラシーの世紀」と呼んでよかろうかと思います。成文憲法とか、議会とか、選挙とかいったようないろいろな制度はすべて、十九世紀において初めて実際に実を結んだものであります。しかもこれらの制度はいずれも主としてデモクラシーの思想にもとづいているのでありますから、その意味で十九世紀は「デモクラシーの世紀」であるといってよかろうと思います。

ウ　民主政治の根拠

次に、「民主政治の根拠」はどこにあるか、という問題であります。デモクラシーの根拠を考える場合に二つの場合を考えなければならぬと思います。一つはデモクラシーのアプリオリな根拠、もう一つは経験的な根拠であります。まずデモクラシーのアプリオリな根拠でありますが、デモクラシーの思想の一番根拠になっているものは何かというと、誰もが自由及び平等ということを申しております。その代表的なものとしてアメリカ革命の時に作られた独立宣言というものを見ますと、こういうことが書いてあります。すべての人間は平等につくられている。すべての人間は神様によって一定の他人に譲り渡すことのできない権利を与えられている。そういう権利として生命、自由、それから幸福の追求というようなものがある。そうしてそれらの権利を確保するために政府というものがつくられる。こういうことは当然の自明の真理であると考えなければならぬといっております。

それは証明を要しない公理である、天然自然の公理である。人間が平等であるということは自明であって我々は証明する必要はない。始めから決っている公理である。かくいっています。フランス革命の時にできた人権宣言も同じように、人間は生れながらにして自由であり平等である、といっています。これがデモクラシーの根拠でありまして、それは証明を要しない真理だとせられています。

そこで、人間は自由であり平等であるという公理から出発して議論を進めますと、人間は自由である以上、自分の意志にもとづかないで他から強制せられるということはない。従って、法律というものがあるとすれば、それは自分の意志にもとづいていなければならない。国家の権力というものがあるとすれば、それも自分の意志にもとづいたものでなければならない。すなわち、国民各自はその政治に参加する権利をもたねばならぬということになります。しかし、社会は自分一人で住んでいるわけではない。自分が自由であると同時に他人も自由である。従って各人は他人の自由もまた尊重しなければならぬ。自由を主張する者はまた他人の自由も尊重しなければならない。そこで各人が平等であるということを承認しなければならない。人間が社会において自由であり平等であるという結果として、社会は自由なる個人が平等の資格において構成するところのものである、ということになります。そうしますと、一方において各人は自由であるから、その行動を規律することは各人自身が定めなければならない。すなわち各人が政治に参加する権利をもたねばならない。しかも各人は平等であるからその場合にすべての人間が同じように平等の資格において政治に参与しなければならぬ、すなわち、すべての国民が同じ資格において政治に参加しなければならぬ、ということになります。言葉をかえていえば、デモクラシーでなければならぬ、ということになるのであります。つまり人間が自由平等であるということを前提として、そこから政治の形態はデモクラシーでなければならぬという結論を引き出してくるのであります。

十九世紀の世界においてこの考えは非常に大きな影響を与えました。それは自由と平等という、証明を要しないほど自明な真理から出発したものだけに、その実際政治に与えた影響力はきわめて強いものであったのであります。この自由平等という大理想によって多くの政治運動が強力に推進されたことは御承知のとおりであります。しかし、我々はただかようなアプリオリな、いわば信仰的な根拠だけで満足するわけにはいきません。人間が自由であり平等であることは証明を要しないというが、はたしてそうであるかという疑問を発せざるを得ません。どうも現実の人間を見た場合にあまり自由でなさそうな、また平等でなさそうな現象が我々の目につくのであります。ですから、人間は自由であり平等であることは証明を要しないということは我々の常識から見て大いに怪しい、従って、そこから出発したデモクラシーというものもそうむやみに是認するというわけにはいかないのではないか、ということを誰でも考えるのであります。何故そういう自由平等というようなな、ちょっと考えると空虚な原理が実際において多大の影響を与えたかということを我々はさらに考えなければならぬと思うのであります。ただ自由平等といったところで、単なる言葉だけでみんながワッとついてくるわけではありません。ついてくるにはついてくるだけの実際上の理由があったのだと考えなくてはなりません。その理由が、すなわち、デモクラシーの本当の根拠である、こう考えてこなくてはなりません。その根拠は何であるか。それは我々が正にこれから研究しなければならぬことで、すなわち、デモクラシーの経験的な根拠であるのであります。

人間は自由平等であるといわれますが、はたして自由であり平等であるか、本当に生れながらにして自由であるか、平等であるか、という問題を出しますと、どうも我々はこれに対しては「ノー」と答える方が正当であるように思います。ルソーの「民約論」の一番初めに、「人間は生れながらにして自由である。しかしながら、人間は至る所において鎖に繋がれている」と書いてあります。正にそのとおりで、現実の人間は至る所において鎖に繋がれております。自由でない人間が実際には非常に多いのであります。しかも平等でもない。生れながらにして強い人間、弱い人間、利口な人間、馬鹿な人間、いろいろあります。従って、人間は実際は生れながらにして自由でもなく平等でもないのであります。それを自由であり平等であるというのは実際に反するといわなければなりません。それなのにどういうわけでそういうかといいますと、人間は生れながらにして自由でもなく平等でもないが、人間を自由であり平等であるとして取扱うことが政治上最もよい結果を生むのである、という考えにもとづいていると私は思うのであります。人間に最大限の自由を与えるということは、彼に最大限の幸福を与えるということになります。その場合甲と乙ということとなった人間に対して甲に乙以上の自由を与えるということははなはだ面白くない。そこで、やはり人間は平等として取扱うことが政治上適当であるということになるのであります。そして、各人を自由であり平等であるとして取扱う以上は、各人を平等に政治に参加させるということが当然に必要になるのであります。こういうふうにしてデモクラシーというものが自由と平等の理念に結びつけられるのであります。

要するに、一般にデモクラシーの根拠として自由平等ということが挙げられますけれども、ただ自由平等というものがなんらの理由なしにデモクラシーの根拠となっているのでなく、人間は生れながらにして自由でも平等でもないけれども、これを自由であり平等であるとして取扱うことが政治上最も正しい結果をもたらす、という考えから、自由平等ということがデモクラシーの根拠とせられるのであります。結局デモクラシーの経験的な根拠として挙げたものがその真の根拠であるということになるのであります。そして、その根拠にもとづき、自由と平等の旗の下にデモクラシーの運動がなされたのであります。もちろんデモクラシーの運動に参加した人はいちいちその経験的な根拠を自覚していたのではありません。ただ、いわば信仰的に人間が自由であり平等であるということをいって騒ぎまわっていたのでありますが、その背後に実は今申し上げたような経験的な根拠があったのであります。ただ実際政治運動の場合には経験的な事柄よりは、先験的な、信仰の対象となるようなことの方が実際の影響力は強いのであります。すなわち、自由とか平等とかいう思想は世界的に非常に大きな影響を与えております。アメリカの独立戦争で、「我に自由を与えよ、然らずんば死を与えよ」というような言葉が非常に強い影響力をもったことは諸君の御承知のとおりであります。明治十四年に我国に自由党というものができましたが、その自由党の壮士などといわれた連中が酒を飲んで詩でも吟ずると、「我に自由を与えよ。然らずんば死を与えよ、熱血迸《ほとばし》る十三州」などという詩を吟じたそうです。これはいうまでもなく、アメリカの独立戦争の詩でありますが、とにかく、仕込杖を振りまわした連中までが「我に自由を与えよ、然らずんば死を与えよ」など叫んだということは、「自由」の言葉がわが国においてもいかに強い魅力をもっていたかを示すに十分であります。明治十五年に自由党の総理板垣退助が岐阜で暗殺されそうになったことがあります。その時に板垣が「板垣死すとも自由は死せず」といったという話が伝わっています。本当にそういったかどうか、実はすこぶる怪しいのでありまして、歴史家の研究によると、そういった形跡はないのですが、自由党でこしらえた自由党史にはそういったと書いてあります。本当にせよ嘘にせよ、いったいなぜこの話がそんなに有名なのかといいますと、板垣のその科白がちょっと芝居がかった文句で大衆の感情に訴えるものがあるからであります。そして、そういう感情に訴えるものが実際には政治に非常な影響を与えるのであります。しかしながらよく考えてみますと、自由平等という理想の背後には先に申したような経験的な根拠があるのです。ですから、自由平等などというのは事実に反する、というふうに簡単にそれをやっつけるわけにはいきません。人間は生れながらにして自由平等ではないけれども、自由平等であるとして取扱うことが良い政治をもたらすのに必要なんだというわけでありまして、そういうふうに考えてきますと、自由平等は事実に反するというような議論では始めから駁論《ばくろん》になりません。何故自由平等ということをいうのかというところまで掘り下げなければならぬのであります。すなわち、民主政治の根拠は、人間を自由平等として取扱うことが実際において人間の社会によい政治をもたらすために必要だというところにあるのです。そして、そこから出発し、人間が自由平等であることを前提として、各人が平等な資格において政治に参加すべきだというデモクラシーの結論が出てくると考えるのが正当であると思うのであります。

デモクラシーの根拠が今申し上げたように自由平等であるとすれば、それが自由主義というものと密接不可分の関係にあることはいうまでもないのであります。従ってデモクラシーと自由主義というものは非常に密接な関係がありますから、常に手を握って発達してきております。ムッソリーニはファシストの立場から自由主義の悪口を申しまして、自由主義的デモクラシーをデモリベラリズムなどと呼びましたが、真のデモクラシーは常に必ず自由主義的なものでなければならないのです。今回の第二次世界大戦の前のドイツにおきましては、デモクラシーと自由主義とは全く別のものであるという議論が有力に行われました。

エ　民主主義と自由主義

そこでここで一寸「民主主義と自由主義の関係」について一言してみたいと思います。あるいは諸君の中にも新聞などをごらんになって民主主義と自由主義という言葉が出てくるが一体どこが違うのか、ということを気にせられた方もあると思います。それは気にせられるのが当然なのでありまして、全然気にならなかったとすればそれはむしろ新聞の読み方が不注意だといっていいくらいです。民主主義と自由主義というものはいったい同じものなのか違うものなのか、ということはぜひ考えてみる必要があるのであります。

元来この二つは本質的に密接不可分な関係にあるのでありまして、一方をはなれた他方というものはあり得ないのです。これらが二つの別なものであるという議論は実は為にするところのある議論なのです。ドイツではナチス主義のためにそういう議論が出てきたのです。ナチス主義というのは議会主義に大反対です。ところで議会主義の根拠は何かというと自由主義である、そこでナチスは自由主義に反対である、こういうことをいいました。しかも、ナチズムはデモクラシーには反対ではないというのです。ナチス思想家にいわせれば、ナチズムこそ本当の民主主義であり、今までの自由主義と一緒になった民主主義は本当の民主主義ではない、それは自由主義のために歪《ゆが》められた民主主義である、というのであります。ドイツでは人民というものがすべての国家権力の基礎であるとせられまして、その点では非常にデモクラチックであるといえるのでありますが、しかし人民といっても漠然としていてわからない、ドイツの人民の意志はどこにあるかわからない、それをどうやって見つけるかというと、従来の議会政治の考えでは人民の選ぶ議員によって組織せられる議会というものが人民の代表者として人民の意志を表明するというのでありますが、ナチス思想家は、議会は人民の意志を代表しない、人民の意志は代表者、すなわち、当時のドイツではヒトラーが人民の意志を代表するのである、と主張します。ヒトラーが何故ドイツ人民の代表者であるか、特に人民から選挙せられたのでもないヒトラーがなぜ人民代表者であるかというと、ナチス思想家はそこで一種独特な説明をします。すなわち、自分はドイツ人民と一体であると考えてドイツ人に代ってその意志を表明するのが真の代表者である、ヒトラーはかような真の代表者である、というのです。ちょっと妙な説明でありますから、聞いてもすぐに納得はいかぬでしょう。それは当然だと思います。権力をもって全人民を抑えつけ、反対意志は絶対に出ないようにしておいて、ヒヤヒヤ、万歳、というような声ばかりの中で満場一致議会が支援した意志というようなものを真の人民の意志だとし、それをヒトラーが代表しているのだというのです。実をいえば、ヒトラーの意志を皆が賛成賛成といって拍手しているだけで、その賛成は人民の意志でもないのですが、それを人民の意志だといい、そういう代表者をもつナチス・ドイツが真のデモクラシーで、それまでのデモクラシーは自由主義的デモクラシーで真のデモクラシーではないというふうに説明するのです。しかしながら、これは矛盾でありまして、リベラリズムを離れた民主主義は実は本当の民主主義でないのであります。デモクラシーの根拠は、先に申しましたように、人間の自由平等というところにありますが、人間の自由を保障するというのが自由主義であります。従って、自由主義はデモクラシーの概念の中に当然含まれていなければならないので、それを離れてデモクラシーはあり得ないのです。すなわちナチズムは実は決してデモクラシーではなかったのだ、といわなければなりません。

ここでちょっと御注意申し上げたいのは、何故ナチスの思想家が議会主義を否認するといいながら、デモクラシーを否認するといわなかったかという問題であります。我々の常識から見てナチスの思想というものはデモクラシーとは正反対であると思うのでありますが、ナチスの思想家は自分たちこそ真のデモクラシーであるということを強く主張しました。イタリアでもファシストの政治はデモクラシーであると主張しました。我々がそこで疑問にしなければならぬことは、我々から見てデモクラシーと正反対と思われる、すなわち、明白な独裁制と思われる政治を何故デモクラシーだと主張したかということでありまず。私は今から十年位前にそういう現象についてある雑誌に書きまして、これは独裁政理論の民主的扮装であるということをいったことがありますが、何故独裁政がそういう扮装をするかということについてこういうことを書いたと思います。「なぜ現代ヨーロッパの独裁政理論が民主主義すなわちデモクラシーの扮装をつけるのであるか。いうまでもなくそれがそこの政治的『大向う』に受けると考えられるからである。何故政治的『大向う』に受けると考えられるか。人格の理念、自由の価値は政治大衆のうちでまだ全く失われていないからである。歴史の過程においてわずかずつ獲得されてきた人格の理念、自由の価値は政治的反動の嵐の下に吹き飛ばされてしまうべくあまりに深くそこの大衆の中に根をおろしてしまっているからである。盲目的に権威に服従するばかりでなく、自らを律する人であろうとする衝動がそこで失われぬ限り、そうした政治的『大向う』に受けるためにすべての政治理論がそこでは多かれ少なかれ民主的な扮装を着けることを余儀なくされるのであろう」。こういうことを十年前に書いたことがありますが、ここに我々が好むと好まざるに拘わらずデモクラシーというものの有する世界史的生活力というものを見ることができるのであります。デモクラシーに反対するものでも自分こそ真のデモクラシーであるといって、そういう扮装を着けなければならぬと考える、というところにデモクラシーというものが世界史的な生活力をもっていることが明白に表れていると思うのであります。

オ　民主政治の現実形態

次に、「民主政治の現実形態」について申し上げます。今まで申し上げましたのは民主政治のいわば理想でありますが、それを現実に行うにはどうしたらいいか、民主政治は人民の意志による政治であるというが、それを実際の問題としてどうやったらいいかという問題であります。民主政治の理想が現実にはどういう形で現れているかという問題でありますこれはいずれまた後に申し上げますから、ここではごく簡単に申し上げます。デモクラシーを実現するためにはどういう現実の形態が必要であるかと申しますと、今まで世界の歴史に現れた限りにおいては――これから後どんな形態のものが出てくるかわかりませんが、今までに現れただけでは――第一が、議会であります。いうまでもなく、人民の多数が政治に参加するには、議会という方法によるのが一番、実際上便宜でありまして、議会は十九世紀以来ほとんどすべての国に存在しております。もちろん議会の演ずる役割は国によってそれぞれ違います。たとえば、イギリスの議会政治とアメリカの議会政治とは全く違うのでありまして、ひと口に議会政治といっても決してどれもこれも同じではありませんが、デモクラシーを実現するために議会というものが最もひろく行われています。第二は、地方自治制であります。これもやはりデモクラシーの実現手段であることは、特に説明を要しません。

第三には人民投票制があります。これは議会とは違いまして一般人民が直接に政治に参加するという制度であります。

第四としては、自由の保障ということがあります。先ほど申し上げたようにデモクラシーの根拠は自由にあるのでありますから、その自由を保障保護するということはどこのデモクラシーでもきわめて重大なことであります。その目的のためにどんな制度が採用されているかといいますと、第一には、権力分立制度、第二には、権利の宣言の制度、第三には、憲法裁判所の制度（またはアメリカのように司法裁判所、とりわけ大審院が法律の憲法違反なりや否やを審査する制度）というような制度があります。いずれも人民の自由を保障するための制度であります。

要するに、デモクラシーというものを実現するために今まで世界各国で行われてきた制度は大体以上のようなものであります。十九世紀は「デモクラシーの世紀」であるといいましたが、現実にどういう形でそのデモクラシーを実現するかと申しますと、結局議会制、地方自治制、人民投票制、自由の保障の制度として権力分立、権利の宣言ないし憲法裁判というような制度によってそれを実現しようということになるのであります。これが民主政治の現実形態の問題であります。

カ　民主政治の世界史的意義

次に、「民主政治の世界史的意義」について申し上げます。すなわち世界の歴史におけるデモクラシーの有する意義であります。すべて政治というものは申し上げるまでもなく、一人でも多くの人間に少しでも多くの幸福を与えるということをその目的としている、といってよかろうと思います。イギリスのベンサムのような功利主義哲学者は最大多数の最大幸福という言葉でこのことを表現しました。この言葉はしばしば悪くいわれますが、政治の立場からみれば、多くの真理を含んでいると思うのであります。最大多数の人間に最大の幸福を与えるということが政治の目的であるということは、どうしても否定できないと思うのであります。政治の目的は通常、正義であるといわれていますが、正義とは何であるかというと、その社会における少しでも多くの人間に少しでも多くの幸福を与えるということに帰着すると思います。その意味においてベンサムの言葉は功利主義的なものとして排斥せられるべきものでないことは明かであります。ところで一人でも多くの人間に少しでも多くの幸福を与えるという目的は、経験的に世界の歴史において見ますと、デモクラシーにおいて他のいかなる政治形態においてよりも、より多く重視せられ得るということがいえるのであります。それは、たとえば、近代のデモクラシーにおける国民大衆の生活と、それ以前の大衆の生活を比較してみればすぐにわかると思います。もちろん現在の庶民の生活、大衆の生活というものは決して理想的なものでないのでありまして、改革を要するものがそこに多々あります。しかし、たとえば、現代のイギリス大衆の生活と百年前のイギリス大衆の生活を比べてみれば、今の民衆の生活の方が確かにより多く幸福であると考えていいことは明瞭であります。あるいはリンカンの下におけるアメリカ大衆の生活とルイ十四世の下におけるフランスの大衆の生活と比べてみれば、リンカンの下におけるアメリカ大衆の生活の方がはるかにより多く幸福であったことは否定できないと思います。ここで幸福という言葉を使いましたが、もちろん幸福であるとか不幸であるとかいうことは主観的な問題でありますから、中にはこれと違った考えの人もありましょう。しかし、大衆の多くにとっては、リンカンのデモクラシー下における生活の方がルイ十四世の専制政治の下における生活に比べてはるかにより多く幸福であったといってもいいと思います。従って、すべての政治は、いやしくもそれが進歩し発達するものである以上、少なくとも現在までのところでは、結局において必然的にデモクラシーに向うべく運命づけられていると考えるべきであります。もちろん政治というもの、歴史というものは進歩しない、人間の歴史は進歩しない、むしろ退歩するのだという考えもあります。人間は悪いことをしてきたからだんだん悪くなってきた、今が一番悪い時だというような考えは世界各国にあります。しかし、私はこういう考えには賛成できません。人間の思想なり、生活なりというものは、多少あっちに行ったり、こっちに行ったりはしますが、結局においては進歩していると思います。この二十世紀の文明文化というものは、たとえば、昔のローマ時代の文明文化に比べてはるかに進んでいる、人間の生活ははるかに多く幸福になっている、と私は考えます。もちろん個々の例外はありましょう。しかし、人類全体として見れば、時代と共にだんだん進歩してゆくものと私は考えます。そしてそういう意味で、少しでも多くの人間に少しでも多くの幸福を与えるというデモクラシーの方向に向って人類全体の思想が動いていると見ております。人類の歴史の過程にはいろいろな変遷があります。しかしその全体を通じて大局に観察する限り、政治体制は少しでも多くの人を政治に参加させるというデモクラシーの方向に向って不断の歩みを続けつつある、ということは肯定できるように思います。これが民主政治の世界史的意義という問題の簡単な結論であります。

もちろんデモクラシーと申しましても、現にいろいろな形態が行われておりまして、その現実形態は決して一様ではありません。要するに、与えられた時と所において、どれが一番デモクラシーの理想の達成に役立つかということが問題なのです。この点については、今まで見られなかったような新しい制度がより多くデモクラシーの目的達成に役立つというようなことになってくるかも知れません。この点は将来の問題でありますけれども、一人でも多くの人間を少しでも多く幸福ならしめるために一人でも多くの人間を政治に参加させる、これが人類の政治体制の終局的に向うべき方向であるということは、世界史的に見て恐らく否定できないと思う次第であります。世界史《ヴェルトゲシヒテ》は世界裁判所《ヴェルトゲリヒト》である、というようなことをドイツの哲学者がいっております。それは多少言葉のしゃれでありますが、しかもそこに深い意味が考えられるのであります。すなわち、世界史においてデモクラシーがかような意義をもつということは、つまり世界裁判所においてデモクラシーに対してそういった判決が下されているということだ、と考えていいのではないかと思います。世界史は不断に進行します。世界裁判所の判決は永遠に更新せられていくものでしょうから、真に終局的なところはわからないのでありますが、しかし、今までのところでは、世界史の示すところに従って世界裁判所の判決を推断する限り、政治体制の終局的な方向は只今申し上げたような意味のデモクラシーの方向であるといって間違いないのではないかと思います。

第三　憲法制定と民主政治思想

ア　帝国憲法の使命

ここで帝国憲法といい、帝国という言葉をつけましたのは、日本の成文憲法、すなわち大日本帝国憲法を指す意味であります。その帝国憲法の使命でありますが、帝国憲法は維新以来のデモクラシー思想の発展に対して一応の制度的な結論を与えたものであるといっていいと思います。すなわち、帝国憲法は、第一には明治以来発達し発展し、成長してきたところのデモクラシー思想を実現実行するということをその使命としております。これは憲法をごらんになれば何人《なんぴと》もよくおわかりになると思いますが、そのことはまた憲法草案の起草に従事した人たち、伊藤博文以下井上毅、伊東巳代治、金子堅太郎というような人が全部明確に意識していたところであります。伊藤博文たちは帝国憲法の使命が明治以来発展してきたデモクラシー思想の実現にある、デモクラシー思想を多少でも実現しないならば憲法の制定ということは意味をなさぬことである、憲法を制定する以上はデモクラシー思想を実現しなければならぬ、ということを堅く信じていたのであります。つまり先ほど申したとおりの憲法制定論、あのデモクラチックな意味における憲法制定論はまさに当時、伊藤博文たちが――少くとも部分的には――考えていたところであります。ただ我国の従来の根本法を文章に表現するというのではなくて、新しくデモクラシーの諸制度を実現しなければならぬということを考えていたわけであります。

こういうことはいろいろな点に現れておりますが、例えば憲法に関する枢密院の会議などにも現れております。憲法草案を起草した伊藤たちは、草案ができ上がりますとこれを天皇に捧呈しました。そこで枢密院が設けられ、憲法草案はそこで審理せられることになりました。これがいわゆる枢密院の憲法会議であります。その模様は明治神宮外苑の絵画館にある画で知ることができます。あそこの画は歴史的に非常に正確に描いてありまして、憲法の歴史についても非常に有益なものがたくさんあります。ああいう会議が明治二十一年から二二年にかけて何回となく開かれたのでありますが、その会議でいろいろな議論が行われています。そして、その会議の記録の中に、伊藤博文が、今申したように、デモクラシー思想を実現することが帝国憲法の使命――少なくともその一部――であるということの確信をもっていたことが明白に表れているのです。

その一例を挙げますと、有名な話でありますが、憲法の第二章は臣民の権利義務と題せられてあり、そこの規定で臣民の権利義務が保障されています。この第二章が憲法会議で問題になった際に、時の文部大臣森有礼――これは有名な政治家で、明治二十二年の紀元節憲法発布の当日、これから宮中に参内するという時に暗殺されてしまった人でありますが――がこういうことをいいました。臣民の「権利」ということは面白くない、日本の臣民というものが天皇に対して権利をもっているということは適当ではない、すべからく臣民の「分際」とすべきであって、「権利」というようなことをいってはいけない、こういうことを強く主張したのであります。ところが、それに対して伊藤博文がこういうことをいっています。憲法をいやしくも制定して臣民の権利を保障しないということは意味をなさない、そうした保障がないならば憲法ということはできない、臣民の権利を認めてこれを保障するということが自由主義の大原則である、臣民の権利というものを認めなければ憲法を制定することは無意味である、こういって森有礼の主張に強く反対しました。また、憲法の条文をごらんになると、第一章は「天皇」、第二章は「臣民の権利義務」、第三章は「帝国議会」とありますが、この第二章の「臣民の権利義務」という題は他の章と比べると長すぎます。そこでただ「臣民」でいいじゃないかという意見が出てきます。憲法会議でもそういう意見があったのですが、これに対して伊藤博文は臣民の権利を保障し義務を定めるというところに憲法たる意味があるのだから、やはり「臣民の権利義務」と題するのが適当だと答えています。これらの点から見ましても、伊藤博文がいやしくも憲法を制定するという以上多少なりともデモクラシー思想を実現するということでなければ意味をなさないということを明確に意識していたことは認めていいと思います。

それからもう一つその場合の例を挙げましょう。憲法の第五条という条文に「天皇ハ帝国議会ノ協賛ヲ以テ立法権ヲ行フ」という規定があります。ところが憲法会議の原案には「天皇ハ帝国議会ノ承認ヲ得テ」とあったのです。それが議会が「承認」というのはいけない、という反対論が強かったので、修正されて現在のようになったのであります。すなわち、この原案に対して、憲法会議では、議会の「承認」を得て天皇が立法権を行うということではいけない、それでは天皇が立法権を行うことにならぬ、議会というものが天皇の立法権を制限することになって我が国体と相容れない、という反対論が非常に強かったのであります。しかるに伊藤博文はこの議論に対して絶対反対を表明しました。彼はここでは原案どおり「承認」がいいのである、天皇は議会の承認がなければ立法権を行うことができないということでいいのだ、とはっきり主張しました。そうすると天皇の権力が議会によって制限せられることになるではないか。こういう反対論に対して、伊藤はもちろんそのとおりである、天皇の権力はもちろん制限せられるのである、そこに議会というものを設ける意味がある、また、それだからこそ憲法にそれを定めることに意味があるのである、そういう制度を認めないならば、そもそも憲法を制定する必要はない、ということを強く主張しています。この伊藤の主張は結局憲法会議では否定せられたのでありますが、こういう点から見ましても、伊藤博文その他の憲法草案起草者たちがデモクラシー思想を実現することが憲法の使命――の少くとも一部――であって、それを離れては憲法制定ということが意味をなさぬということを確信していたということがわかるのであります。

すなわち繰返して申しますと、帝国憲法の使命は第一に明治維新以来成長し発展してきたデモクラシーの思想を実現するということにあったのであります。

しかし、憲法の使命はただにそこにとどまったわけではなかったのであります。そこにはもう一つ重大な使命があったということを忘れてはならないのであります。すなわち、帝国憲法はデモクラシーの実現ということを使命とすると同時に、その実現を無制限ならしめないように、それを一定の限度内にとどまらしめるという使命をも握っていたのであります。一方において、デモクラシー思想を実現する、しかし、デモクラシーがあまり徹底しても困るから、それをある限度内にとどめるよう、それに一定の限界を与えよう、ということもやはり憲法の使命であったのであります。つまり、憲法をこしらえた人たちは憲法はデモクラシーの実現をその使命としなければならぬと考えると同時に、そのデモクラシー思想の実現ということはぜひ一定の限度内にとどめてゆかなければならぬ、と考えたのであります。そこで憲法はデモクラチックな諸制度を設けると同時に、反デモクラチックの諸制度を設けることを決して忘れなかったのであります。

岩倉具視《いわくらともみ》などはことにこの点について早くから非常に心配していました。彼は憲法が制定される、議会が設けられるということは社会の大勢である、としてこれを承認していましたが、これは日本にとっては容易ならぬ改革で、一歩誤まれば由々しき結果を惹起《ひきおこ》すと考えていました。そこでそういうデモクラチックな傾向はもちろん止めることはできないが、それが極端にならないように或るところで抑えなければならぬ、ということを非常に強く主張したのであります。岩倉は明治十六年に亡くなっております。岩倉は亡くなる前に当時日本にいたベルツという有名なドイツ人の医者に診てもらいましたが、そのベルツの日記にこういうことが書いてあります。岩倉はベルツに自分の病気は本当に治るか治らぬかはっきりいってくれと頼む。ベルツは正直にいってどうも自分には治す自信はないと答える。すると岩倉は「今伊藤博文が憲法調査の為にヨーロッパへ行っている。自分はこの問題についてぜひ伊藤にいいたいことがある。そのために自分は伊藤の帰るまで是非生きていたい。ついてはできるだけそれまで生命を延ばすよう努力してもらいたい」と頼む。ベルツは「できるだけのことをしよう」と約束するという記事です。岩倉は伊藤の帰りまで生きていることはできませんでした。しかし、彼が伊藤にいいおきたいと最後まで思っていたことは、おそらく「デモクラシー思想によって憲法を制定し、議会を開くことはいいが、デモクラシーをある程度、ある限度以上に徹底させては困る。デモクラシー思想を実現すると同時に、これを抑える方策を十分考慮しておかなくてはならぬ」ということであったと推測されます。伊藤は憲法制定については大体岩倉の思想的後継者と考えていいのでありますから、この点からも、わが憲法が政治史的にデモクラシーの思想とその反対の思想の妥協を図るべき使命をもっていたということが明らかだと思います。この点につきましては十九世紀のヨーロッパ大陸諸国におけるもろもろの君主国で成文憲法が制定せられた時の事情とほとんど違うところはありません。それらの諸国では憲法というものは、当時勃興しつつあったデモクラチックの思想と、これに反対する思想の妥協点たる使命をもっていたのでありますが、我が国においてもまさにそのとおりであったのであります。

イ　憲法における民主政治的要素

憲法はデモクラシー思想と反デモクラシー思想の妥協の産物でありますから、その中にはデモクラシー的要素と反デモクラシー的要素の両方が存在します。そこで、まずデモクラチックな要素について申し上げます。憲法におけるデモクラチックな要素としましては、第一に帝国議会というものがあるということはいうまでもないことでありまして、憲法制定と国会開設ということは離るべからざる関係にあります。議会あるいは国会というものが民主政治思想を実現するための最も典型的な制度であることはいうまでもありますまい。

従って、憲法におけるデモクラチックの要素としては最も重要なものは帝国議会でありま す。議会のどういう点がデモクラチックであるかというと、その一院たる衆議院というものが一般人民から選ばれた議員によって組織されているという点であります。しかもその議会は法律や予算というものの制定に参加しており、法律や予算は議会がうんといわなければ制定できないということになっています。すなわち、議会が政府の死命を制することになる、そこがデモクラチックな制度と考えられる所以《ゆえん》であります。

これに続いてデモクラチックな制度として挙げられるのは、国務大臣が天皇を輔弼《ほひつ》するという制度であります。国務大臣は常に天皇のお傍におって天皇が統治権を行使するに当ってこれをお輔《たす》けする職務をもち、その統治権の行使につき全責任を負うのであります。しかも国務大臣は議会に対して出席し、発言するというのでありますから、自らある限度において、政治的に見れば議会に対して責任を負わざるを得ない地位にあります。そして、議会は民選議会でありますから、国務大臣は議会を通じて一般人民に対しても責任を負うということになります。すなわち、大臣輔弼の制度はデモクラチックな性格を有する制度であるということができるのであります。

その次は自由の保障という制度であります。先にもちょっと申し上げましたとおり、これは元来、自由主義的な制度であります。ところが、前にも申し上げましたとおり、自由主義というものと民主主義というものは本質的に不可分の関係にありますから、自由主義的な要素だということはすなわち民主政治的要素だというにほかならぬのであります。自由の保障としましては、憲法第二章は臣民の権利義務を規定しています。また三権分立ということも自由の保障の目的のために重要な制度でありますが、この点ではとりわけ司法権の独立ということがきわめて大事なことになります。憲法における民主政治的な要素としてはなおこのほかにもいろいろありますが、その主なものは帝国議会、大臣輔弼《ほひつ》制、それから自由の保障の制度、大体この三つといってよかろうと思います。

ウ　憲法における反民主政治的要素

これにはどんなものがあるかといいますと、第一には議会の中に貴族院というものがあります。議会は民選議会としてデモクラチックなものでありますけれども、その一院たる貴族院というものはデモクラチックなものではありません。しかも貴族院の有力な部分を占めるものは華族議員であります。華族というものは一種の特権階級でありまして、民主政治的なものではありません。こういう貴族院というものを設けたのは、もちろん民主政治的な勢力に反対する勢力として、それを抑える意味で設けたのであります。

華族という名前は明治二年からあるのでありますが、公侯伯子男の爵は明治十七年になってはじめて設けられたものです。この五階級の爵という制度は西洋流の制度であります。公侯伯子男という爵の名は支那の周時代のものでありますが、華族制度というものは西洋の真似でありまして、日本には元来なかったものであります。ところで、そういう華族制度を明治十七年にこしらえたのは何のためだといいますと、やがて憲法によって認められるであろう議会において、民主政治的な勢力を抑える役割を演じさせるためにこしらえたのであります。ですからこそ、華族制度は憲法制定の準備作業の一として設けられたのであります。やがて憲法が制定され、議会が開かれる。議会が開かれるとその半分は一般人民から選ばれた議員によって組織せられる。それはデモクラチックな勢力を代表するであろうが、それだけが議会を独占してしまうということは憂慮すべきことである。だから議員の中に華族というものを入れて、それによって民主政治的な勢力を上から抑えるということにしなければならぬ。こういう考えで華族制度を設けたのであります。すなわち、華族という制度を設けたのは何も昔の大名を平民と同列に置かないというだけの趣旨ではなく、やがて憲法によって実現せられるであろうところの議会に貴族院を設け、華族をその主要な構成分子とし、議会があまりにそれによってデモクラチックになることを阻止させようという趣旨であったのであります。ですから、それから半世紀以上たちました今日、華族の制度自体が再検討の対象になったということは、歴史的に見て極めて当然な話でありまして、華族制度というものは今申したように、デモクラチックな勢力を抑えるためにできたものでありますから、デモクラチックな勢力が強くなってくれば、華族制度自体の存在理由が再び検討せられるようになるということは極めて当然であります。

憲法における反民主政治的な要素としては、第二に枢密院というものがあり、そのほかに天皇をお輔《たす》けする内閣があれば、枢密院というものは要らないように考えられるのでありますが、それにもかかわらず枢密院を設けたということは、これも帝国議会は元来デモクラチックな性格をもつ制度でありますが、それが過度にデモクラチックに走らないようにこれを抑えるという趣旨であったのです。従って、これも憲法における反民主的な要素に数えてよかろうと思います。さればこそ、この頃は枢密院の全廃あるいは改革などが問題になりまして、このごろの新聞などにも、相当具体的な改革意見が出ております。今日のようにデモクラチックな意見が強くなってくるという時代におきましては当然なことといわなければなりません。

その次に、元老、重臣、あるいは内大臣という制度も考えてよかろうと思います。元老及び重臣というのは全く慣行上の制度で、法令にもとづくものではありません。もちろん憲法に定められてはいません。内大臣についても憲法に規定はありません。いずれも反民主的な性格をもつ制度であり、今日のような時局においては俎上にのぼることは当然であります。内大臣は廃止したが、そういうことになることも当然でありましょう。元老は昭和十五年以来ありませんし、重臣も終戦と共に慣行上廃止されたと見ていいでしょう。

次に、統帥権の独立という問題があります。統帥権の独立ということは憲法における反民主的な要素として一番重大なものであります。統帥権の独立ということも必ずしも憲法にはっきり書いてあるわけではありません。憲法の中に多少それに関係する規定も全然ないこともないのでありますが、それは主としては慣習法上の制度であります。これが憲法における反民主的な要素として非常に重要な役割をその後の歴史において務めてきたのでありますが、先ほど申したとおり、デモクラチックな制度として大臣補弼という制度ができておりますが、統帥権は全く大臣補弼のほかに置かれてある。これが統帥権の独立ということであります。

大臣輔弼という制度は、前に申し上げましたように、天皇が大権を行う際に大臣がこれを輔弼するという制度であります。その大臣に対しては議会は責任を問うことができる。実際においては議会はもしも欲するならば大臣をいつでも廃めさせることができる。結局大臣は議会から多かれ少なかれコントロールされる地位にある。それを憲法が認めているわけです。その制度が憲法におけるデモクラチックな要素であるといわれる所以です。ところが天皇の大権のうちで軍の統帥に関する大権だけは国務大臣の輔弼の範囲に含まれていないとせられています。これを統帥権の独立と呼んだのであります。同じく大権の発動でありますけれども、統帥に関する限り、内閣というものはこれに関与しないというのであります。それならば、誰がそういう大権の発動につき輔弼をするかというと、陸軍については参謀総長、海軍については軍令部総長がそれに当ります。これらの者は議会とは何も関係がありません。政府ともあまり関係がありません。従って、統帥権の作用というものは議会、政府というものには全然関係がなく、その結果としてデモクラチック・コントロールというものは直接にも間接にも全然これに及ばないということになるのであります。しかも、統帥権の範囲如何《いかん》といいますと、実際の慣行上その範囲が非常に拡張せられまして、ことに陸軍関係においては、軍に関することは人事や軍の編制に至るまですべて統帥の範囲に属するとせられてきました。軍に関する大権については憲法に第一一条と第一二条に規定があり、通例は第一一条だけが統帥権に関する規定であり、第一二条の軍の編制に関する大権は国務大権として内閣の輔弼によるべきものであると説明しておりますが、実際には軍の編制に関することも多く内閣の輔弼のほかに置いてありました。従って、その限度においてはデモクラチック・コントロールは及ばないというわけです。これが日本憲法における反民主的要素の最大のものであり、かつこれが今までの日本の政治に最も大きな特色を与えてきたのであります。

従来我が国の政府はダブル・ガヴァンメント、すなわち二重政府であるといわれてきたのでありますが、これもこの統帥権の独立ということの結果であります。ことに中国においては、中国に対する外交は、外務省から公使または大使というものが行って日本の政府の代表者として外交を行う。ところが、そのほかに参謀本部から派遣せられた武官というものがあって、これがまた独立に外交みたいなことをやる。それが大使なり公使なりと一緒に動けばいいのですが、そうではないのです。たとえば、中国において参謀本部系統は南方を支援するのに、外務省系統では北方を支援するというようなことが現にありました。中国側から見ると、いったいどっちが真の日本の態度なのかわかりません。日本の政府は二つあるじゃないか、ということになり、二重政府という批難が生れたのです。そこで外交の一元化を図らなければならぬということがいわれましたが、これを政府の手に一元化することは、統帥権の独立という原則の結果として、なかなかむずかしかったのです。近年に至って外務省が弱くなり、陸軍省外務局などと悪口をいわれるようになりましてから、外交も軍の手に一元化されるようになりました。その代り外交が政府の手から離れ、従って議会の手からもますます離れるようになりました。

要するに、統帥権の独立という制度は今申し上げたようにわが憲法において一番反デモクラチックの制度として大きな意味をもっていたのであります。それだけに今回軍隊の解消ということに伴い、統帥権の独立という制度がなくなったということは非常に大きな影響を日本のこれからの政治に与えると思います。すなわち、わが憲法の民主化ということは統帥権の消滅によって一段と躍進する可能性を与えられたのであります。

第六　民主政治に内在する弊害とその対策

ア　弱体性

第一には、デモクラシーは弱体であるということです。デモクラシーでは政治力が弱い。ことに政治的危機、たとえば戦争とかいうような場合あるいは社会的不安、今の我国でいえば食糧問題、失業問題という各種の社会的不安が深刻になった場合などにおいてデモクラシーは弱いということがよくいわれます。それからまた、それとも関連してデモクラシーではスピードが遅い。スローモーであるとよくいわれます。これはいずれもある程度本当でありまして、デモクラシーとして十分警戒する必要があります。もちろんデモクラシーが必ずいつも遅くて弱いというわけではありません。イギリスとかアメリカとかは典型的なデモクラシーを実行している国でありますけれども、その政府が戦争において必ずしも弱体であったり、スローモーションであったりしたわけでないということは、敗けた我々がよく知っているところであります。

イ　不安定性

デモクラシーの欠点としていわれることの第二には、その政治が不安であるということであります。それは世論にもとづく政治であるが、世論というものは非常に動きやすい、そこで政局に安定性がなくなる、というのです。これもあり得ることであります。戦争前のフランスなどは、この点においてデモクラシーの弊害の一番強い国であるといわれたのでありますが、これも絶対に防げないものではないということは、我々がこの戦争で敵として戦った国々の状態を見ればよくわかることであります。アメリカにおいてはルーズヴェルトを四期にわたって大統領に選んでおりますし、イギリスにおいても永い間チャーチルに政権を握らせていました。イギリスでもアメリカでも政局は不安定どころか、極めて安定していたのです。

ウ　国権軽視

第三に、デモクラシーの弊害として挙げられることは、国家権力を尊重しないということであります。つまり、君主政治などにおける君主の権力は非常に強いので、これを尊重するが、デモクラシーになると人民が国家の権力を自ら軽視するようになるというのです。そういう傾向も確かにあり得ることです。アメリカ合衆国などにおいても一部においてそういう弊害が認められたことがあります。この弊害は十分警戒を要するところでありまして、そういう風潮がある程度以上にはげしくなりますと、一種の無政府状態をもたらす恐れがあります。これは我国においても決して考えられないことではありません。すでに多少その兆候が見られるのではないかとすら懼《おそ》れています。デモクラシーの確立された国ではそういう危険は少いのですが、我国のようにデモクラシーに慣れないところでは、その危険が大いにあります。たとえば言論の自由をもったことのない人間が急にその自由を与えられますと、これを濫用しまして、人の人身攻撃のようなことばかりやる恐れがあります。政党時代にはそういう傾向がありました。いわゆる泥試合というやつです。こういう泥試合状態がひどくなりますと、一種の無政府状態に陥る可能性があります。そうして国内の治安が乱れますと、先年のドイツでナチスが擡頭《たいとう》しましたように、一種の独裁政治がまた生れてくる危険があるのであります。非常にデモクラチックな国が案外短い間に急にファッショ化するということがよくあります。近年のドイツやイタリアなどがその例でありますが、これはデモクラシーがもたらした一種の無政府状態からファシズムが生れたのであります。これはたしかにデモクラシーに伴う一つの危険であります。

エ　水準化

次にデモクラシーの弊害としましては、水準化が挙げられます。デモクラシーには何でも大きなもの、偉大なものを嫌う、反英雄的な気持というものがあります。英雄崇拝ということが極端になると指導者主義、指導者原理というようなものになる可能性がありますが、反対にまた反英雄的な気持というものが一歩誤ると、無批判的にリーダー（指導者）を叩き潰すという弊に陥りやすいのです。これは日本において特に憂慮すべきことではないかと考えております。日本人には今まででも非常に反英雄的なところ――というよりは偉人嫉妬的なところ――がありまして、誰か一人少しでも頭を出すと、彼奴《きやつ》は生意気だというので、皆でよってたかってやっつけてしまう。そのため真のリーダーというものが出てこない。こういう傾向があります。政治にはどうしても真のリーダーというものが必要であります。いかにしていいリーダーを育て上げてゆくか、ということがデモクラシーでのむずかしい問題であります。アメリカにしてもイギリスにしても、ルーズヴェルトが四期続けて大統領になり、チャーチルが永い間総理大臣を続けたということは、必ずしもルーズヴェルトやチャーチルが偉いからではありません。むしろ、それらの者をリーダーとして守《も》り立ててきた国民が偉いのだといわなければなりません。イギリスでは同じ総理大臣が七年八年と永く在職します。永く在職する人も偉いが、それよりそういうふうに一人の人を永く在職させる議員なり、国民なりが偉いのです。日本ではこういうことはなかなかありません。これからデモクラシーを実行しようというに当っては、この点はとりわけ注意する必要があります。

オ　多数党の横暴

その次に、やはりデモクラシーに伴う弊害として、多数党の横暴ということがあります。デモクラシーは多数決ですから、その結果多数党が横暴を極めて少数党を圧迫するということになる危険があるのです。政党政治ではしばしばこういう弊が見られます。たとえば、スポイルズ・システムというものがあります。獲物制度、とでもいうべきもので、選挙である政党が勝ち、その政党が政権を握ると、すべての公職をその党の者をもって埋めてしまう。公職はいわば政戦における獲物でありまして、勝った者がこれを全部とってしまう。こういう制度です。

日本でもかつて政党内閣時代にこういう弊害が相当にありました。日本で官吏につき試験任用という制度を採っていますのは、一つにはかようなスポイルズ・システムの弊を防ぐためです。政党の関係者をむやみに役人にすることのできないように官吏の資格をやかましく制限するのです。ところが試験制度にはまたそれなりの弊害があります。この点が実際の問題としてなかなかむずかしいところです。歴代の政府もこの点につきましては相当に苦心しているようです。アメリカあたりでもスポイルズ・システムの弊を匡正するため、メリット・システムというやり方が有力になっていますが、メリット・システムというのはつまり試験で採用するやり方であります。スポイルズ・システムというものが政党政治につきものであるということはデモクラシーの先輩たるアメリカが十分教えてくれたところですから、我々もこの点は大いに警戒しなくてはなりません。

カ　衆愚政治

次に、デモクラシーの弊害として衆愚政治ということがいわれます。多数決主義のデモクラシーでは質より量がものをいうので、結局多数の馬鹿者が政治を支配することになるというのであります。よく引かれる例でありますが、キリストが磔《はりつけ》になった時に傍に二人泥棒が磔になっています。その時にローマの役人が、ユダヤの人民に向って、今日はこの三人を磔にするはずだが、今日は何とかのお祭りだから一人だけお前たちの希望するものを助けてやる、と尋ねます。するとユダヤ人たちはキリストを助けてくれといわないで、泥棒のバラバを助けてくれといったという話です。だから、民衆の意見、すなわち、世論などというものは愚劣なものである、こういうことがよくいわれます。これはデモクラシーの悪口とは限りませんが、とにかく一つの真理ではあります。デモクラシーにおいてはそういう危険が全然ないわけではないのです。もちろんこれは必ずしもデモクラシーだけの弊害とはいえないと思います。が、デモクラシーにおいてとりわけ警戒を要するところといってよかろうと思います。

キ　その対策

以上の弊害はいずれもデモクラシーに伴いがちなものでありまして、その根本の原因は結局のところ大衆の政治意識の低さにあるといわなくてはならぬと思います。従ってそれらの弊害に対する根本的な対策としては、結局は政治意識の向上ということよりほかはないと私は考えております。デモクラシーというものには徳というものが必要だということを古来学者がいっております。例えば「法の精神」を書いたフランスのモンテスキューはデモクラシーにおいては徳というものが根本の原理であるといっております。それはデモクラシーにおいては人は公人としての義務心、ないし愛他的精神というものによって行動することが必要だという意味であります。どんな政治形態におけるよりもデモクラシーにおいて正しい、かつ徹底した公民教育が必要であるという所以《ゆえん》はそこにあるのであります。公民教育というものは決して単なる知識ではないのであります。それは公共的精神の養成であります。従って、それは学校における教育というものによってだけでは得られません。それはむしろデモクラチックな政治を実際に行って、その実践ということのうちに自ら国民の心に刻み込まれなければならぬものだと考えます。この点で特に地方自治を行うということのうちにおいて、自ら国民がデモクラシー的な教育を受けるということになることが、きわめて重要な意味を有するのであります。その意味でデモクラシーというものは大衆の教育ということをその前提とするものであります。大衆の教育というものが根本であります。しかしながら、同時に反対に大衆を民主政治的に教育するためにはデモクラシーの制度を実行するのが最も適切効果的なのであります。ことに女子の教育ということにつきましても、女子に対してどんな政治教育を施すよりも参政権を与えるということが最も有効な方法であります。ただいかなる場合においても教育というものは時間を要するのであります。決して早急であってはなりません。我々は気長に辛抱して待たなければならないのであります。

日本国憲法生誕の法理

一　問　題

日本国憲法は、形式的には、明治憲法第七三条にもとづく大日本帝国憲法改正として成立した。

それは、まず、「帝国憲法改正案」として、枢密顧問の諮問を経たのち、勅書によって帝国議会の議に附された。衆議院および貴族院は、おのおのその総員三分の二以上の出席の会議で、出席議員三分の二以上の多数で、多少の修正を加えた上で、これを議決した。議会を通過した改正案は、さらにふたたび枢密顧問の諮詢《しじゅん》を経たのち、公式令の規定にしたがって、次のような上諭を附されて、公布された。

朕は、日本国民の総意に基いて、新日本建設の礎が、定まるに至つたことを、深くよろこび、枢密顧問の諮詢及び帝国憲法第七十三条による帝国議会の議決を経た帝国憲法の改正を裁可し、ここにこれを公布せしめる。

これで見ると、日本国憲法は、明治憲法（大日本帝国憲法）の単純な改正のように見えるが、よく考えると、ことはそう簡単ではない。そこには、単純な明治憲法第七三条による憲法改正だけでは、説明できない何ものかが、含まれていると考えられる。

私は、かように考えて、一九四六年（昭和二一年）三月六日に、政府によって、憲法改正草案要綱が発表された直後、「八月革命の憲法史的意味[1]」という論文を公にして、日本の降伏によってひとつの革命——八月革命とも呼ばれる——が行われたと考えることによってのみ、日本国憲法の成立を法律論理的に説明することができると説いた。

太平洋戦争（大東亜戦争）における日本の降伏から、日本国憲法の成立への過程の法律論理的説明として重要と思われるので、その内容をここに記し、あわせてこれに対する批判に対して弁明を試みることにする。

（1）『世界文化』一九四六年五月。私の論文の題は「八月革命の憲法史的意味」であったが、雑誌にのったのを見ると、「八月革命と国民主権主義」となっていた。

二　八月革命の理論

一九四六年三月に政府によって発表された憲法草案、すなわち、内閣要綱と、それにもとづく四月の内閣草案に見られる特色のうちで、いちばん重大なのは、いうまでもなく、国民主権主義あるいは人民主権主義である。

日本の政治を民主化し、日本を民主国として再建するために、日本の政治の根本建前として国民主権主義を採用することが必要かどうか、またはそれがのぞましいかどうか、については降伏以来、数々の論議がなされた。日本の政治を民主化するためには、どうしても国民主権主義という建前を採るべきだという見解も、相当に有力であった。しかし、全体から見ると、日本の政治において民主主義を確立するためには、かならずしも国民主権主義という建前を採る必要はないという意見のほうが、強かったようである。

終戦後相次いでうまれた諸政党は、それぞれ憲法改正に関する、多かれ少なかれ具体的な意見を発表したが、その中で明確に国民主権主義を採るべしとしたのは共産党案だけで、そのほかの諸政党は、進歩党も、自由党も、社会党も、国民主権主義を明確にみとめることをしなかった。社会党案は、その実質においては、国民主権主義にきわめて近いものであったが、それでも「主権は国家（天皇を含む国民協同体）に在り」というような表現を用い、国民主権主義を正面から承認することを、ことさらに避けているかに見えた。

かような状態の下において、さなきだに保守的であり、反動的であると評された幣原内閣が、その憲法改正草案において国民主権主義を真正面にかかげようとは、おそらくだれもが夢にも考えおよばなかったところであろう。(1) かねがね政府の保守反動を非難して来た在野の諸政党も、この点では、完全に政府に出しぬかれたわけであった。政府案が公にされると、共産党をのぞく各政党は、いずれも「このたびの政府案は、わが党の主張するところとおおむね同一である（！）から、だいたいにおいて、これを支持するにやぶさかでない」というような趣旨の声明を発したが、この政府案は、それまでに発表された諸政党案と「おおむね同一」どころか、その根本原理においてまったくちがうものであった。

(1) 横田教授は、これについて、次のように書いた。

「政府の憲法改正案が発表された。おそらく、すべての人がおどろかされるであろう。あまりに思いきった改正案であることに。大部分の人は、内容そのものにおどろかされたにちがいない。かように徹底した改正を考えていなかったのであろう。しかし、内容そのものにはおどろかない人も、つまりこれ位の改正は当然であると考えていた人も、さらになおいっそう徹底的に改正すべきだと考えていた人すらも、現在の政府が、このように思いきった改正案を発表しようとは、思わなかったであろう」（『東京新聞』昭和二一年三月一二日）。

＊＊＊

この政府の憲法改正草案が、国民主権主義を真向から承認していることは、きわめて明白であると思う。

このときの政府案は、もちろん意識的にであろう、「国民が主権を有する」という類の表現をまったく用いていなかった。人の知るように、後に、衆議院で、「主権が国民に存する」という言葉に、修正されることになるのであるが、このときには、まだそういう言葉は、どこにも見られなかった。しかし、それにもかかわらず、そこで、国民主権主義の原則を根本建前として承認していたことは、疑いをいれない。

たとえば、その前文には、「日本国民は……ここに国民の総意が至高なものであることを宣言し、この憲法を確定する」とあった。これは、日本国民が、日本の政治の最終の権威者として、その意志により、この憲法を制定するという意味であり、明らかに国民主権の原則をあらわしていた。その書出しの「日本国民は……」という言葉――英訳では We, the Japanese people……といっている――は、アメリカ合衆国憲法の前文の書出しの言葉「われら合衆国民は」（We, the people of the United States）とその主旨を同じくする。また「国民の総意が至高なものであること」とは、英訳に the sovereignty of the people's will とあるとおり、国民が主権者だとする趣旨を示している。

　リンカーンの「国民の、国民による、国民のための政治」という民主政治の定義は、だれもが知るところである。日本における民主政治も、はたして「国民の、国民による、国民のための政治」でなくてはならぬかどうかは、終戦以来しばしば論議せられた。日本の民主政治が、「国民による、国民のための政治」でなくてはならぬことはきわめて明瞭で、別に議論はなかった。問題は、日本の民主政治も、単なる「国民による、国民のための政治」であるだけでなく、その上に「国民の政治」でなくてはならぬかどうかであった。多くの人は、日本の政治の根本建前は、それが「天皇の政治」であることにあり、したがって、日本では「国民の政治」という原則は適当でないから、日本の民主政治は「国民による、国民のための政治」ではあるが、しかし、どこまでも「天皇の政治」でなくてはならない、と考えたようである。すなわち、日本における在来の君主主権主義という建前をくずさずに、そのままにしておいて、その上に、民主政治を建設しようというのが、かなり多くの人の考えであったようである。

　ところが、政府の憲法草案は、リンカーンの右の言葉をそっくりそのままみずからのものとし、日本の政治は、「国民の、国民による、国民のための政治」であるべきだとしている。すなわち、右に引かれたその前文には、「日本国民は……ここに国民の総意が至高なものであることを宣言し、この憲法を確定する。そもそも国政は、国民の崇高な信託によるものであり、その権威は国民に由来し、その権力は国民の代表者がこれを行使し、その利益は国民がこれを受けるものであって、これは人類普遍の原理であり」うんぬんとあるが、ここで圏点を附せられた言葉がまさしく「国民の、国民による、国111民のための政治」の意味であることは、改めてことわるまでもない。

以上からも明らかであるように、このときの政府の憲法改正（草?）案は、「天皇の政治」というそれまでの日本の政治の根本建前をすてて、「国民の政治」という新しい根本建前を採り、その根柢の上に民主政治を実現しようという意図に指導されていたと見るべきである。

＊＊＊

政府案が、かように、その根本建前として承認しようとしている国民主権主義は、それまでの日本の政治の根本建前とは、原理的にいって、まったく性格を異にするものと考えなくてはならない。

国民主権主義というものは、かならずしも在来の日本の政治の根本建前と矛盾するものではない、という見解もあるようである。日本の政治の根本建前は、本来国民主権主義的なものであった、という見方もあるらしい。しかし、国の政治上の権威が、君主とか、貴族とかいうものではなく、一般国民にその最終的根拠を有するという意味の国民主権主義が、それまでの日本の政治の根本建前であったと解することも、また、それがそれまでの日本の政治の根本建前と少しも矛盾しないと考えることも、理論的には、どうしてもむりである。国民主権主義という以上は、天皇の権威の根拠も、終局的には国民にあると考えなくてはならず、その結果として、天皇制の存否も、終局的には、国民の意志に依存するといわなくてはならないが、それまでの日本において、天皇の権威の根拠が国民にあるという根本建前が採られていたと見るのは、明らかに不当であろう。

それまでの日本の政治の根本建前は、一言でいえば、政治的権威は終局的には神に由来する、とするものであった。これを神権主義と呼ぶことができよう。明治憲法は、その第一条で、「大日本帝国は万世一系の天皇之を統治す」と定めていた。ところで、その天皇の権威はいったいどこから来るかといえば、それは神意から来ると考えられていた。具体的にいえば、天孫降臨の神勅が、その根拠だとされた。天皇の権威はそこに由来した。天皇は神の子孫として、また自身も神として、日本を統治する、とされた。

もちろん、「君民一体」とも、「君民同治」とも、しばしばいわれた。「義は君臣にして情は父子」ともいわれた。天皇は、その統治にあたって、あくまで民意を尊重すべきものとされ、また、その統治は多数国民の輔翼《ほよく》によってなされるべきものとされた。しかし、それにもかかわらず、天皇の統治の権威そのものは、民意に由来するとはされなかった。天皇の統治の権威の根拠は、民意とはまったく関係のない神意に求められた。

かような根本建前――神権主義――が、国民主権主義と原理的にまったく性格を異にするものであることは、明瞭である。

国民主権主義は、政治的権威の根拠としての神というものをみとめない。それは、政治から神を追放したところに、その位置を占める。そこでは、「民の声は神の声」といわれるから、あるいは、そこでは国民が政治から神を追放して自らこれに代ったのだといってもいいかもしれない。そこでは、国民の意志が政治の最終の根拠である。

もちろん、国民主権主義が、当然に君主制を、したがって日本でいえば、天皇制を否定するとはかぎらない。そこで君主制・天皇制をみとめることも、理論的には、じゅうぶん可能である。その君主が相当に強大な権力を与えられることも、決して不可能ではない。

しかし、その場合でも、その君主・天皇の権威は、国民に由来するとされるのであるから、国民の意志によって、君主自身の意志には反しても、君主制そのものがまったく合法的に変革ないし廃止せしめられる理論的可能性がつねに存する、という点で神権主義にもとづく君主制とまったくその性格を異にすることが、注意されるべきである。

国民主権主義が、在来の日本の政治の根本建前たる神権主義と、原理的に容れないものであることは、明らかであろうと思う。

＊＊＊

政府の憲法改正草案は、かような日本の政治の根本建前の変革——神権主義から国民主権主義への変革——を、憲法に明文化しようとするものであるが、そういう変革を「憲法改正」の形で行うことが、そもそも憲法上許されることであるかどうか。これは、憲法上きわめて重大な問題である。

明治憲法は、憲法改正の手続を定めていた。その条章を改正し、または増補することは、そこに定められた手続によって可能なわけであったが、そこに定められた手続をもってすれば、どのような内容の改正も可能であったかというと、決してそうではなかった。

元来、憲法そのものの前提ともなり、根柢ともなっている根本建前というものは、その改正手続によって改正されうるかぎりでない。そうした改正手続そのものが、憲法の根本建前によって、その効力の基礎を与えられているのであるから、その手続でその建前を改正するということは、論理的にいっても不能とされざるをえないからである。明治憲法についていえば、天皇が神意にもとづいて日本を統治するという原則は、日本の政治の根本建前であり、明治憲法自体もその建前を前提とし、根柢としていたと考えられる。したがって、明治憲法の定める改正手続で、その根本建前を変更するというのは、論理的な自殺を意味し、法律的不能だとされなくてはならない。すなわち、天皇が神意にもとづいて日本を統治するという原則は、明治憲法に定める憲法改正手続をもってしては、変更することができない、というのが、ほぼ支配的な学説であった。

それならば、このたびの政府の改正案が、憲法の定める憲法改正手続によって、神権主義を廃して国民主権主義を定めようとしていることは、はたして、法律的に許されるであろうか。この点を問題にしなくてはならない。

私は、このたびの憲法改正草案が、この種の変更を憲法改正手続によって行おうとしていることは、憲法上、許されると考えている。しかし、それは決して形式上憲法の定める改正手続によりさえすれば、どのような内容の改正も可能だという意味ではない。そういう改正は、明治憲法の改正として、ふつうでは許されないのであるが、特別の理由によって、それは許されるというのである。

では、それは、どのような特別の理由にもとづいて、許されるのであるか。

この問いに答えるには、どうしても、一九四五年八月、終戦とともに行われた日本憲法史上の大変革の本質を、明らかにすることが、必要である。

＊＊＊

一九四五年八月一〇日、日本政府は、降伏に決し、ポツダム宣言を受諾することを連合国に対して、申し入れた。ただ、その際「同宣言は、主権的統治者（a sovereign ruler）としての天皇の大権（prerogatives）を害する要求を含まない」との諒解を附し、その諒解が正しいかどうか、を明確に指示してくれるように頼んだ。連合国は、その翌日、回答をよこしたが、それは、右の諒解の当否についてはは、直接になんらふれるところなく、ただ「降伏のときから、日本の天皇および政府の統治権は、降伏条件を実施するために必要とみとめる措置をとる連合国最高司令官にしたがうべき」ことと、「日本の最終の政治形体は、ポツダム宣言のいうところにしたがい、日本国民の自由に表明される意志によって定めるべき」ことを言明した。八月一四日、日本政府は、この回答を諒承した上で、終局的にポツダム宣言の条項を受諾する旨を連合国に申し入れた。

かくして、降伏によって、「日本の最終の政治形体は、ポツダム宣言のいうところにしたがい、日本国民の自由に表明される意志によって定め」られるべきことにきまった。

ところで、この「日本の最終の政治形体」うんぬんの言葉はいったい何を意味するであろうか。それは、いうまでもなく、日本の政治についての最終的な権威が国民の意志にあるべきだ、ということを意味する。日本の最終的な政治形体の決定権を国民がもつというのは、さような意味である。ほかの言葉でいえば、国民が主権者であるべきだという意味である。そして、その言葉を、日本はそのままに受諾し、とってもって日本の政治の根本建前とすることを約したのである。

国民主権主義は、さきにのべられたように、それまでの日本の政治の根本建前である神権主義とは、まったくその本質的性格を異にする。日本は、敗戦によって、それまでの神権主義をすてて、国民主権主義を採ることに改めたのである。

かような変革は、もとより日本政府が合法的になしうるかぎりではなかった。天皇の意志をもってしても、合法的にはなしえないはずであった。したがって、この変革は、憲法上からいえば、ひとつの革命だと考えられなくてはならない。もちろん、まずまず平穏のうちに行われた変革である。しかし、憲法の予想する範囲内において、その定める改正手続によってなされることのできない変革であったという意味で、それは、憲法的には、革命をもって目すべきものであると思う。

降伏によって、つまり、ひとつの革命が行われたのである。敗戦という事実の力によって、それまでの神権主義がすてられ、あらたに国民主権主義が採用せられたのである。この事実に着目しなくてはならない。

ここで、日本の政治は神から解放された。あるいは、神が——というよりは、むしろ神々が——日本の政治から追放されたといってもよかろう。日本の政治は、いわば神の政治から人の政治へ、民の政治へ、と変ったのである。

この革命によって、天皇制はかならずしも廃止されなかった。その廃止が約束されもしなかった。しかし、天皇制は一応維持されはしたが、その根柢は根本的に変ってしまった。天皇の権威の根拠は、それまでは、神意にあるとされたのであったが、ここでは、それは、国民の意志にあることになった。日本の政治が、神の政治から民の政治に変ったのと照応して、天皇も、神の天皇から民の天皇に変ったのである。

この革命——八月革命——は、かような意味で、憲法史の観点からいうならば、まことに明治維新このかたの革命である。日本の政治の根本義が、ここでコペルニクス的ともいうべき転回を行ったのである。

＊＊＊

この八月革命は、いわゆる「国体」の変革を意味するであろうか。

この問いに対する答えは、「国体」の下に何を理解するかによって異なってくる。もし、「国体」の下に、天皇が神意にもとづいて日本を統治するという神権主義的天皇制を理解するならば、そういう「国体」は、八月革命によって消滅してしまったといわなくてはならない。八月革命の革命たる所以《ゆえん》が、何よりも、それまでの神権主義の否定にある以上、これは当然である。日本政府は、さきにのべたように、降伏の申入《もうしいれ》に際して、天皇の大権に関する希望を附し、それによって「国体を護持」しようと企図した。しかるに、それに対する連合国の回答には、この希望を承認する旨の言葉が見出されなかった。そこで、抗戦論者は「これでは、国体を護持しえたことにならない」といって抗戦を主張したそうであるが、もし「国体」の下に、それまでのような神権主義的天皇制を理解するとすれば、彼らが「連合国のかような回答では、国体を護持しえたことにはならない」と考えたのは、きわめて正しかったわけであり、それで国体を護持しえたと解していいという天皇および政府の解釈は、実際政治上の戦略としてはともかく、理論的には誤っていたと評せざるを得ない。

これに反して、もし「国体」の下に、単なる天皇制を理解するとすれば、八月革命は、かならずしも、そういう意味の天皇制を廃しはしなかったのであるから、そこで「国体」は、変革されなかったということもできないわけではない。しかし、この場合でも、天皇制の根柢が、神権主義から国民主権主義に変ったこと、したがって、天皇制の性格がそこで根本的な変化を経験していることは、注意されるべきである。

この意味の「国体」は、かように、八月革命でかならずしも変革されはしなかったといえようが、だからといって、そこでその意味の「国体」が護持されたということにならないことは、ついでながら、注意されていいであろう。それは、天皇制の根拠が神権主義から国民主権主義に変ったことと関連する。なるほど、連合国は天皇制の廃止を要求しはしなかった。しかし、神権主義が否定され、国民主権主義がみとめられた結果として、天皇制の根拠も国民の意志にあるとされることになったから、国民の意志いかんによっては、天皇制も廃止される可能性——理論的可能性——が与えられたわけである。天皇制の根拠たる神の意志は、永劫不変のものとされたが、国民の意志は、決して永劫不変のものではないからである。

＊＊＊

八月革命によって、日本の政治の根本建前は、神権主義から国民主権主義に変った。もとより、憲法は、形式的には、ただちに変りはしなかった。天皇制も、形式的には、八月以後もそのままであった。しかし、その根本建前は、すでにまったく変っていた。このことを注目しなくてはならない。

一九四六年元旦の詔書で、天皇は自身「現御神《あらみかみ》」でない旨を言明し、みずからの神聖ないし神格を否定した。このことも、右にのべられた八月革命を前提としてのみ、理解できる。八月革命によって、神権主義が否定されていたから、かような詔書が発せられることができたのである。もし、八月革命がなかったとしたら、かような詔書は、とうてい発せられることができなかったはずである。

政府の憲法改正草案が、国民主権主義を根本建前として規定しているのも、八月革命を前提としてのみ、説明できることであると思う。すでに、そこで、日本の政治の根本建前として、神権主義が否定され、国民主権主義が確立されているから、その後において、憲法改正という形式の下に、国民主権主義を成文化することが許されるのである。もし、八月革命でそういう変革が行われていなかったとすれば、単なる憲法改正の手続で、そういう根本建前の変革を定めることが許されないことは、さきにのべられたごとくである。

かように考えると、われわれが好むと好まないとにかかわらず、降伏とともに、神権主義はすでに廃棄され、日本の政治の根本建前として国民主権主義が成立しているのであるから、政府の憲法改正草案が、国民主権主義をその建前としていることは、きわめて当然ということになる。問題は、もはや、国民主権主義を日本の政治の根本建前としてみとめるのがいいかどうか——そのことは、すでにきまったことである——ではなくて、国民主権主義という原理を憲法の中で表明するのが適当かどうか、また、表明するのが適当だとすれば、どういう言葉で表明するのがいいか、である。そして、この意味では、政府草案に対しては多くの批判がなされえよう。

もちろん、問題をもっと掘り下げて、国民主権主義をみとめるのがいいかどうかを問題とすることもできる。ただ、さきにものべたように、国民主権主義は、八月革命で承認されたと見なくてはならないから、ここで国民主権主義否なりと主張することは、八月革命そのものを否定するあらたな革命を主張するにほかならない、ということを忘れてはいけない。

以上が、私の「八月革命の憲法史的意味」の大要である。

＊＊＊

これと同じ趣旨を、私は、国家学会編『新憲法の研究』の中では、次のように説いた。(1)

新憲法（日本国憲法）の根本建前である国民主権主義は、明治憲法の根本建前である神勅主権主義または神権主義とは、原理的にまったく異なる。

明治憲法の定める憲法改正手続――その第七三条によるもの――で、明治憲法の根本建前、すなわち、そのよって立っているところの原理的基礎を変えることは、できない。そうした可能性――法律的可能性――をみとめることは、法律論理的には、自殺を意味するからである。つまり、明治憲法第七三条による改正手続で、明治憲法の根本建前である神勅主権主義を廃して国民主権主義を採用するということは、法律的には、許されないと解すべきである。したがって、新憲法の施行とともに、日本の憲法の根本建前として、神勅主権主義が廃されて、国民主権主義が成立したという解釈は、正しくない。

新憲法が、憲法改正の形式の下に、国民主権主義を定めていることは、それ以前に、国民主権主義が、日本憲法の根本建前として、すでに成立しているという前提の下に、はじめて理解できることである。

降伏によって、日本は、その憲法の根本建前として、国民主権主義を承認したと考えなくてはならない。

ところで、国民主権主義を承認するということは、それまでの日本憲法の根本建前である神勅主権主義を否定することであり、右にのべられたように、合法的にはなされえないことである。したがって、降伏によって、日本が、それまでの根本建前を廃して、国民主権主義を承認したということは、正規の憲法上の手続では許されないとされている変革が、事実の力にもとづいて、行われたということであり、その意味で、これを法律学的意味における革命——八月革命——と呼ぶことができる。

かように考えると、神勅主権主義の否定と国民主権主義の成立とは、すでに降伏とともに、なしとげられたことであり、新憲法が、その明文で国民主権主義を定めているのは、いわば宣言的な意味をもつにとどまる、といわなくてはならない。そして、かように、国民主権主義が、八月革命によって、すでに成立しているという理由によってのみ、明治憲法第七三条の手続によるという形式をとった新憲法が、国民主権主義を定めることが、決して違法でないとされうるのである。

新憲法が成立する前に、国民主権主義がすでに成立していたのだとすれば、新憲法が、その前文で「日本国民は……この憲法を確定する」といって民定憲法の形式をとっていることもうなずけるが、それならば、その民定憲法たる新憲法が、なぜ、国民代表と考えられる衆議院の議決のほかに、国民となんのつながりもない天皇の裁可と貴族院の議決とを必要としたのであろうか。私の見るところでは、八月革命によって、明治憲法は廃止されたと見るべきではなく、それは引きつづき効力を有し、ただ、その根拠たる建前が変った結果として、その新しい建前に抵触《ていしょく》する限度においては、明治憲法の規定の意味が、それに照応して、変った、と見るべきである。したがって、その新しい建前に抵触しない限度においては、どこまでも明治憲法の規定にしたがって、ことを運ぶのが、当然である。憲法改正も——少なくとも、形式的には、——明治憲法第七三条によって行われるのが、適当と考えられる。ただ、その場合、国民主権主義の建前からして、憲法改正の手続は、できるだけ民定憲法の原理に則すべきことが要請され、その結果として、表面上は、明治憲法第七三条によりながらも、その民定憲法の原理に反する部分——天皇の裁可と貴族院の議決——は、たとえ形式的には規定が存しても、実質的には、憲法としての拘束力を失っていたと見るべきではないか、と考えている。

（1）私の「新憲法の概観」（国家学会編『新憲法の研究』〈昭和22年10月1日発行〉）一〇頁以下。

三　批判への弁明

以上にのべられたような八月革命の理論に対しては、賛否両論がある。

俵教授は、この「八月革命説は、学界において、多くの共鳴者を見出したようである。この理論は、新憲法の法理的根拠を矛盾なく説明することができるとともに、新憲法の民主的性格を明確にするに役だつからである」と評した。[1] はたしてそうとすれば、私としては、大いによろこびとするところである。[2]

反対論としては、なにより河村最高裁判所判事のそれをあげることができる。[3] その反対論は、私の理論の急所をもっとも鋭く突いたものと考えられるから、それについてここに一言することは、おそらく私の義務であろうと考えられる。

河村判事は、第一に、一九四五年八月一一日の連合国の回答についての私の解釈に反対する。

「日本の最終の政治形体は、ポツダム宣言のいうところにしたがい、日本国民の自由に表明された意志によって定めるべき」であるという言葉は、国民主権主義を要請したものだという私の解釈に対して、判事は、それが、はたしてそういう「厳密な法律的意義に解すべきであったであろうか」（六頁）という疑問を提起する。判事の解するところによれば、その「日本国民の自由に表明された意志」という言葉は、ポツダム宣言の第一二項をくり返したものであろう。

「それが、わが国一部の人々が解したように、かならずしも国民投票で表明された意思という意味でないことは、明かである。また他の人がいうように、日本のことは日本国で自由に決定せよ、というほどの意だと解しても、文意はかならずしも明瞭には通じない。むしろ、もっと政治的に解すべきではなかろうか。すなわち、軍閥や、官僚や、独裁主義者によって、圧迫され、歪曲された意思ではなく、多数国民の自由率直な意思、族院をかならずしも排除するものではなく、たとえ形式的には、天皇の発案・裁可、貴族院の議決を経てなされる憲法の改正であっても、実質的に民意が十分自由に表明できるような手続をもってなされるのであれば、かならずしもこの回答の趣旨に反するものではないと解せらるべきであろう。

「かように解することの不当でないことは、後にマッカーサー司令部でも、第七十三条に拠って憲法改正の手続を進めることを承認したこと、また天皇の発案・裁可、貴族院の議決を経て制定せられた新憲法を『国民が確定する』のだと宣言しても、抗議も受けなかったことからも、理解できよう。さすれば、この八月十一日の回答を承認したことの結果、直接に即時に第七十三条を変更するという効果が発生したのではなくて、将来窮極の政治形態を決定するにあたって、第七十三条の規定を民主的に運用することを約束したにすぎないということになろう。政府は、憲法改正の発案や、裁可についてのみならず、貴族院、衆議院の行動に関しても、民意の自由な表現を促すために、その権限内にあるあらゆるコントロールの手段を尽す義務を負うたわけである」（六—七頁）。

河村判事は、第二に、いわゆる国体に関する規定を改正することが、明治憲法の下で、法律的に不可能であったという命題に反対する。

判事によれば、「明治の末年以来、我が公法学界に勢威を逞《たくま》しゅうした一派の学説——（いうまでもなく、穂積八束・上杉慎吉両博士によって代表される正統派の学説をいう——宮沢）——においては、国体と政体とを峻別」し、「政体は、時勢に応じて変転するけれども、国体は、恒久不変、国家とその運命を共にする。それ故に、国体の変革は、旧国家が死滅し、新国家が生誕することを意味する」とするから、そういう説が正しいとすれば、「国体規定の変革を法的に不可能とする理論も肯《うなず》かれよう」（七頁）。しかし、いわゆる国体の別も、政体の別も、同じように、統治組織の別にほかならず、したがって、国体の変革も、国家そのものの変革というよりも、国家の統治組織の変更にすぎない。

こう考えると、いわゆる国体規定も、いわゆる政体規定と同じく、統治組織に関する規定であるから、前者のみが法的に変更不可能だという理由は、ありえない。

「専制君主政体を改めて権力分立主義を採用し、議会を設け、国民参政の途を開いて、君主の権力を制限することが、合法的に行われ得るとするならば、更にすすんで国民の参政権を極度に拡張し、君主の権力を零にまで制限することが、何故法的に不可能なのか？それも、フランスはじめ若干の共和国の例のように、共和体制を憲法改正の対象とすることを得ずというに類するような明文でもあるのならばともかく、憲法がかかる明文を掲げてもいないのに、かかる理論を構成するのは、むしろ学者の自縄自縛ではなかったか？」（八―九頁）。

かような立場から、河村判事は、「この度の憲法改正は、同一の国家内に於て、その統治組織が変革されたにすぎない」（八頁）から、それは、もちろん、明治憲法第七三条によって十分行われうることであったとされ、「観来たれば、新憲法は、合法的過程を経て、明治憲法から生れ来たものであつて、革命という概念を藉《か》らなくとも、その法的根拠を説明し得る」（一〇頁）と論結される。

（1）俵静夫「戦後憲法学界の展望」（『公法研究』一号、一〇七頁以下）一一四頁。

（2）尾高朝雄「国民主権と天皇制」（国家学会編『新憲法の研究』一八頁以下）一九頁。清宮四郎「憲法改正行為の限界」（『法律タイムズ』二一号）一六頁。法学協会『註解日本国憲法』（上）三〇頁。A. C. Oppler, The Reform of Japan's Legal and Judicial System under Allied Occupation, Washington Law Review1 August, 1949, Vol.24, no.3, p. 293. 柳瀬良幹「新憲法概観」（『法律時報』一九九号）二四頁以下。以上の諸家は、私の見解を是認する。

（3）河村又介「新憲法生誕の法理」（『改造』一九四七年五月、四頁以下）。以下において、引かれる河村判事の言葉の後に記したページは、もちろん、この論文のページである。なお、傍点はすべて私のものである。なお、河村判事のこの点についての見解は、判事の『新憲法と民主主義』（八〇頁以下）にも、のべられている。

＊＊＊

河村判事の批判の第一点、すなわち、八月一一日の連合国の回答の解釈については、私は、次のように考える。

たしかに、その回答の言葉だけからいうと、国民主権主義の確立という「厳密な法律的意義」をそれに与えることは、やや行きすぎのように思われないこともない。その趣旨が、「軍閥や、官僚や、独裁主義者によって、圧迫され、歪曲された意思ではなく、多数国民の自由率直な意思」によって、最終の政治形体が決せられるべきだというにあることは、判事の指摘されるとおりであろう。したがって、そうした決定に際して、形式的には、天皇や貴族院の参加があっても、「実質的に民意が十分自由に表明できるような手続を以てなされるのであれば」、それで、この回答の趣旨には合致するであろう。

しかし、回答の趣旨が、一応そういう「政治的」なものであるとしても、まさにそのことが、主要な法律的な意味をもつことを、見のがしてはなるまい。最終の政治形体が、国民の意志によって決せられるべきだということは、そうした決定に、形式的に、天皇や、貴族院が参与することを、かならずしも、排斥するものではないだろう。しかし、それが、一方においては、国民の意志いかんによって、最終の政治形体は、どのようにでも決定されうるのだということ、つまり、国民の意志いかんによっては、天皇制が否定されることも、じゅうぶん可能だということ、そして、他方においては、いままでの明治憲法の原理であったような神権主義的な君主主権主義に立脚する政治形体は、そこで終局的に否定されているということ、を意味していることが、注意されなくてはならない。これは、すなわち、神勅主権的な天皇主権主義の終局的な否定を意味している。これを裏からいえば、国民主権主義の終局的確立を意味しているということになろう。

明治憲法の建前は、日本の最終の政治形体は、天皇の先祖――その極限として、天照大神が、措定された――の意志、すなわち、「神勅」によって、終局的に決定された、というにあった。したがって、天皇制は、そこで、法律的には、「天壌とともにきわまりない」ものとされた。日本の最終の政治形体を、自由に表明された日本国民の意志の決定に委ねるということは、この建前の真正面からの否定である。明治憲法の下では、天皇が統治権の総攬者であるという制度は、いかなる方法によるにせよ、再審査を必要としない、既定の、動かすことのできない制度であった、最終の政治形体を、自由に表明された日本国民の意志で決定するということは、天皇が統治権を総攬するという制度を維持するかどうかをも、自由に表明された日本国民の意志で決定するということである。それが、これまでの日本憲法の原理であった神勅主権主義的な天皇主権主義の否定であることは、明らかであろうと思われる。

かように解すると、八月一一日の回答が、河村判事の解されるような趣旨であることは、疑いないが、それと同時に、それが神勅主権主義的な天皇主権主義の否定と国民主権主義の確立を意味していることも、明らかではないかと思う。このことは、それをポツダム宣言第一二項とくらべ、かつ、八月一〇日の日本政府からの申入れ――いわゆる「国体維持」

の条件（！）を附したもの――ともあわせて考えるとき、いっそう明瞭になるのではなかろうか。

かりに、八月一一日の回答が、私のいうような法律的意味を有するとしても、その効果――神勅主権主義的な天皇主権主義の否定と、国民主権主義の確立という――は、降伏とともに発生したのではなくて、日本国憲法の成立とともに発生したのではないか。こういう問題もありうる。

この点について、憲法草案審議の際、貴族院で金森国務大臣は、私の質疑に答えて、「そういう効果が発生したとしても、それは、降伏とともに、発生したのではない。降伏によっては、日本国家は、そういう効果を実際にもたらすべく義務づけられたにすぎない。降伏によっては、いわば、債権的に、日本国家に義務が発生しただけである」という趣旨の意見をのべたが、それは、つまり、国民主権主義という原理は、日本国憲法によって、はじめて確立されたという見解である。

私は、しかし、もし八月一一日の回答の趣旨が、私の解するようなものであるとすれば、その法律的効果は、降伏とともに、いわば「物権的」に、発生したと見るのが、正しいと思う。天皇主権か、国民主権か、は政治体制の根本原理に関することである。前者の否定は、すなわち、後者の否定にほかならない。神勅主権主義的な天皇主権主義をやめて、これに反する国民主権主義の採用を約束するということそのことが、神勅主権主義的な天皇主権主義の下では、絶対に許されないことである。その許されないことをあえてした以上は、神勅主権主義的天皇主権主義は、すでに、否定されたと見るのが、適当である。日本国憲法で、国民主権主義を言明することができたのは、すでに、その前に神勅主権主義的な天皇主権主義が否定されていたからであると考えなくてはならない以上、国民主権主義が、日本国憲法によって、はじめて確立されたと見ることは、どう考えても、適当でないと思う。

＊＊＊

河村判事の批判の第二点は、きわめてむずかしい問題である。それは、憲法改正権について、一定の内容的限界があるか、という問題[1]と関連する。

成文憲法の規定で、そのある種の規定の改正を禁ずる旨を定めることがある。たとえば、第三共和制以来のフランスの憲法が、特に共和制を憲法改正の対象とすることができない、と定めているのが、これである。この種の規定が法律的に、どのような効力をもつかは、大問題であるが、河村判事は、さきに引かれた言葉のうちで、「フランス……のように、共和体制を憲法改正の対象とすることを得ずというに類するような明文でもあるのならば、兎も角、憲法がかかる明文を掲げてもいないのに、かかる理論（憲法のある規定をもって、憲法改正の対象となりえずとする理論——宮沢）を構成するのは、むしろ学者の自縄自縛ではなかったか」といい、その問題を、しばらく別としているから、ここでも、そういう特別の規定のない場合だけを、主として、問題にしよう。

私の見るところでは、すべての国法は、憲法的合法性ともいうべき基礎の上に立ち、その限界内においてのみ、合法的に動くことができる。その限界を超えては、動くことが——法律的にいうかぎり——許されない。この意味において、すべて憲法改正には、内容的な限界がある。たとえば、アメリカ合衆国の連邦憲法についていえば、国民主権主義は、その憲法的合法性に対するひとつの限界であると解されるから、そこで定められた憲法改正手続によっても、国民主権主義を否定して、君主主権主義を採用することは、法律的には、許されないと解すべきだろう。日本国憲法についていっても、そこで定められている憲法改正手続によって、たとえば、「人類普遍の原理」とされている民主主義の原理を否定し、神ながらの昔にかえることは、許されないと見るべきだろう。

河村判事は、かような憲法改正権に限界を与える憲法的合法性の存在を否定するのであるが、憲法改正手続を定めた規定の効力はみとめ、それによってなされたかどうかによって、合法的変更か、非合法的変更（革命）か、を区別するもののごとくである。しかし、そこで憲法改正手続を定める規定そのものが、何にもとづいてその効力をもつかといえば、それは、ひとえに、憲法制定権によって作られたからである。それは、憲法制定権によって作られたから、その結果として、憲法制定権によって、自由に改正されることができる。そうとすれば、そこで定められる手続によってなされる憲法改正が効力をもちうるのは、それが、単に憲法の定める憲法改正手続の所産だからではなくて、それが、その手続をとおして、憲法制定権の所産であるからである。はたして、そうとすれば、その憲法制定権に立脚する憲法改正手続によって、その基礎であり、根柢である憲法制定権そのもののよってもって立っている根本の建前を変改し、あるいは否認するというようなことが、法律上——事実上は、もちろん、可能であり、場合によっては、それがのぞましいことすらあるだろう——許されないと解すべきことは、論理上、当然のことではないかと思われる。

もちろん、かように解することには、いろいろな困難がともなう。ことに、憲法改正権に対する内容的な限界は、具体的には、何か、ということになると、その決定はきわめてむずかしい。しかし、そこに、なんらかの限界が存することをみとめないとすると、憲法改正という外形をとりさえすれば、その憲法の基礎となり前提となっている建前をも、合法的に否定することができることになり、ありとあらゆる変更が、憲法改正という外形をとりさえすれば、可能だということになる。これは、結局、法律的意味における革命をまったく否認するか、または、少なくとも、それを合法手続という外形をもたなかった場合にかぎることであり、そういう立場に立てば、一九三三年のナチの革命も、「少くとも表面上合法的手段によつて成し遂げられたが故に」（八頁）革命ではないといわざるを得ないだろうし、一九四〇年のフランスのヴィシー政権の確立も、同じような理由で、革命ではないことになろうし、さらに、一九三三年に、ヒトラーが行った粛正行動も、その直後の法律でこれを合法とみとめた以上、合法な行動とみとめなくてはならないことになろう。

こうなってくると、問題は、革命という言葉の問題とも考えられるが、しかし、単に外見上合法な手続がとられたかどうかで、合法行動と非合法行動を区別するよりも、憲法のよって立つところの基礎原理に立脚する憲法改正と、その原理そのものを否定しようとする憲法改正とを区別することのほうが、理論的に意味があるのではなかろうか。その場合、憲法のよって立つところの基礎原理そのものを否定しようとする憲法改正を、「革命」と呼ぶかどうかは、言葉の問題であるが、憲法的合法性の限界を超えた変化を、それが合法の外見を有すると否とにかかわらず、法律学的意味において、革命と呼ぶことは、言葉の使い方として、かならずしも失当とは、いえないように思う。

河村判事は、この問題に関連して、国家の同一性の問題にふれる。もちろん、これら二つの問題は、たがいに別段の関連はない。ある国の統治体制について、ここにのべられたような意味の革命的変化が行われたとしても、それによって、かならずしも当然にその国家の同一性が害されるわけではない。私のように、八月革命の理論をとっても、それは、その前の日本国家と後の日本国家との同一性を、少しも、害するものではない。

河村判事は、なお、さきに一言したように、ここに引かれた論文において、明治憲法の改正手続を定めた第七三条が変更することのできない規定であるという清宮教授の理論にも、反対する（九頁）。私は憲法改正手続を定めた規定は、絶対に改正することのできないものとは思わないが、しかし、その改正についても、右に憲法改正についてのべられたような限界は、厳として存するのではないか、と思っている。

（1）この問題については、清宮四郎「憲法改正作用」（『野村教授記念公法政治論集』）。同「憲法改正行為の限界」（『法律タイムズ』二一号）一二頁以下。同「憲法の憲法」（『法学』一三巻六号）。私の考えも、これらの諸研究に負うところが多い。

憲法の正当性ということ

——憲法名分論——

一　問題

関西学院大学で開かれた一九五六年度秋の日本公法学界総会で、東京水産大学の相原教授が、「現行憲法の効力について」と題する報告を行った。論旨は、日本国憲法は、明治憲法の改正としては、許されない内容を有するものであり、したがって、効力を有しないと見るべきであり、その結果として、明治憲法が現在もなお引きつづき効力を有すると見るべきものであるというにあった。この考え方は、明治憲法復原論として主張される見解に属するものであり、それとして、じゅうぶん検討すべき問題であるが、ここでは、そのこと自体はしばらく別の問題としておく（私自身は、この見解には反対であり、日本国憲法の効力を否認することは、正当でないと思う。私の『憲法』五版、四七頁以下、五九頁以下を見よ）。

相原教授は、右の報告において、「日本国憲法は明治憲法を不法に圧迫することによって、成立したものであるから、現在適法にその効力を有するとはみとめがたく、本来は、明治憲法が今なお引きつづき効力を有すると見るべきものである。よって、この際、公式に日本国憲法の効力を否認し、明治憲法が現在も効力を有することを確認することによって、名を正すべきである」という意味のことを主張した。ここに引かれた言葉は、同教授の報告の論旨を、私が理解したように、まとめたものであり、正確に同教授の言葉そのままではないが、その点は、ここでは問題にする必要がない。私がここで問題にしたいのは、相原教授がそこで使った「名を正す」という表現である。

「名を正す」という表現は、今までいろいろなちがった意味に使われた例があるようであるが、相原教授が、日本国憲法の効力に関して、この表現を使ったのは、およそ次のような趣旨だったと考えられる。

日本の憲法には、日本の憲法として絶対に欠くことのできない基本原理がある。この原理に立脚する憲法だけが、日本の正当な憲法である。そして、この原理が、いわば、日本の憲法の「名」であり、「名分」である。日本の憲法の「名を正す」とは、この原理に立脚しない憲法が実際において日本の憲法としてまかり通っている場合に、その憲法を改めてこの原理に立脚させること、あるいは、それと同じことであるが、この原理に立脚していないで実際においてまかり通っている憲法を廃棄して、これに代えてこの原理に立脚する憲法の権威を回復することにほかならない。

それでは、いったい憲法の「名」とは何であるか。日本の憲法の「名」とは、どんなものか。そもそも憲法について、客観的に妥当する「名」というものが、あるのか。

これは、実は、人の知るように、法哲学の根本問題のひとつであり、ここで簡単に扱うに適しない問題と考えられるが、現在争われている憲法改正問題とも関連する時の問題でもあるから、公法学界における右の相原教授の報告を機縁として、この点についての私の考えを一応のべてみることにしたい（相原教授の報告は、一九五七年五月発行の『公法研究』第一六号にのっている）。

二　日本憲法の「名」とは

ここで憲法の「名」と呼ばれるものが、その憲法の立脚するいちばん基本的な原理を指すことは、疑いない。それでは、日本の憲法にとってどのような基本原理がその「名」であるのか。

ここにいう「名」は、正しいもの、正当なものという意味を概念必然的にそのうちに含んでいる。あるいは、「名」は、正しさ、正当性の根拠たることをその本質とするといってもいいだろう。憲法は「名」を有することによって正当な憲法となり、「名」を失うことによって、不正当な憲法となる。憲法の「名を正す」とは、したがって、不正当な憲法を正当な憲法に改めることであり、悪い憲法を善い憲法に直すことである。

相原教授は、日本国憲法を廃棄して、明治憲法を回復することが、日本の憲法の「名を正す」ことだと見ているようであるから、同教授のいう日本の憲法の「名」とは、明治憲法の基本原理にほかならないと解していいだろう。おそらく、明治憲法を基礎づけていた天皇主権ないし神勅主権の原理――いわゆる「国体」――が、教授のいう「名」の核心をなすものと推測される。

この立場からいえば、日本の憲法は、その「名」、すなわち、「国体」の原理に立脚することによってはじめて正当性をもつことができるのであり、国体を失えば、当然に、正当性を失ってしまうことになる。

この考えによれば、今の日本国憲法が、日本の憲法として正当性をもつものでないことは、明白である。日本国憲法は、いうまでもなく、天皇主権ないし神勅主権をみとめず、反対に、真向からこれを否定する。もし右にのべられたような意味の「国体」が日本の憲法の「名」だとすれば、日本国憲法は、そういう「名」をもたない憲法、というよりは、むしろそういう「名」をはっきりと否定する憲法であるから、そういう「名」をみとめる立場からいえば、日本国憲法は、うたがいもなく、正当性を欠く憲法だということになる。その立場に立つ人たちが、日本国憲法を廃棄し、「国体」を回復することによって、日本の憲法の正当性をかち得ることを主張するのは、きわめて当然である。相原教授がその立場に立つ一人として、明治憲法の「復原」を唱え、それによって、日本の憲法の「名を正す」べきだと主張することは、じゅうぶん理解できる。

三 日本の憲法の「名」の根拠は

日本の憲法の「名」に関するかような見解――それは、明治憲法時代には、きわめて有力であったし、今日もなお少数の論者によって主張されている――に対しては、当然に、次のような疑問が提出される。

天皇主権の原理が日本の憲法の「名」だという主張には、いったいどのような根拠があるのか。天皇主権が日本の憲法にとって望ましいと思う人は多いかもしれないが、そうは思わない人も、決して少なくはない。天皇制を真正面から否定する共産党の主張は、しばらく別としても、天皇主権を否定する日本国憲法を支持する人は、憲法擁護国民連合の例をもち出すまでもなく、きわめて多い。これらの憲法改正反対論者たちは、天皇主権というような「名」を全然みとめず、むしろ反対に、天皇主権を否定する原理としての国民主権をもって日本の憲法の「名」と見ようとしている。こういう事情の下で、天皇主権こそが日本の憲法の「名」だと断ずる根拠は、どこにあるのか。

論者は、そうした根拠として、おそらく「歴史」とか、「伝統」とかをもち出すにちがいない。しかし、第一に、はたして、明治憲法時代の歴史家が教えたように、天皇主権が、日本の歴史の全体を通じて、終始変らない憲法の基本原理であったといえるかどうかが、かなり疑わしいのみならず、第二に、かりに天皇主権が日本の歴史の全体を通じて憲法の基本原理であったことが歴史学的に証明されたとしても、だからといって、天皇主権が日本の憲法の「名」であり、その正当性の根拠だと論結することは、「事実の問題」をいきなり「権利の問題」にすりかえてしまうことではないか。

日本の歴史では、北朝の天皇の権威を否定して南朝の天皇の権威を承認することが、「名を正す」ことだとされた。徳川幕府の権威を否認して天皇の権威を回復することも、「名を正す」ことだと説かれた。その結果、足利尊氏は、悪玉の代表者とされ、楠正成は、善玉の代表者とされた。また、「幕府的」という形容詞は「名」を欠くことを意味するとされた。そして、その立場から、たとえば、一八八二年（明治一五年）の軍人に対する勅諭に見られるように、頼朝以来「およそ七百年のあいだ武家の政治」となったことは、「あさましき次第」であり、「失体」だったという価値判断がうまれた。

しかし、かような価値判断に対しては、つねにそれとはちがった価値判断が存在したという事実を無視することは許されない。「武士どもの棟梁」として幕府政治をはじめた頼朝は、彼の統治工作を決して「あさましき次第」とも「失体」とも評価しなかったにちがいないし、足利尊氏にいわせれば、楠正成こそ逆賊だったかもしれない。すべての日本人が承認しているかに見える現在の天皇の地位についてすら、現に熊沢天皇のような有力な(?) pretender が出ているではないか。

そこで、日本の歴史をいちばん始め(?)までさかのぼって、天孫降臨の神勅に日本の憲法の「名」の根拠を求めることが、しばしばなされる。その神勅によって、「天壌とともにきわまりない」日本の統治体制の「名」が確立されたというのである。しかし、かりに記紀の記録が信頼できるとしたところで、神勅というものは、せいぜい天孫軍の奉ずる「名」を根拠づけるものにほかならず、天孫軍の武力によって「討ち平らげ」られた「中国《なかつくに》のまつろわぬものども」は、絶対にその「名」を承認しなかったにちがいない。天孫軍司令官の祖先の意志だというだけの理由で、客観的な妥当性を主張することは、むずかしい。

四　「名」と「名」との戦い

こう考えてくると、ただひとつの「名」があるのではない、と論結せざるを得ないようである。世界をひろく見わたすまでもない。せまい日本の歴史を見ただけでも、そこにただひとつの「名」しかないのではなく、そこには、無数のちがった「名」があり、それらがたがいにヘゲモニーを争っていることがわかる。人間の歴史は、それらの多くの「名」と「名」との対立抗争の歴史であり、また、いろいろな「名」の興亡の歴史である。

目を今日の国際社会に転じても、同じような現象が見られる。近いところで、例をあげれば、台湾の問題がある。国民党の中華民国政権は、もちろん台湾は、彼らの領土であるのが正当だと考えている。台湾は現在彼らがこれを支配しているから彼らの領土であるのではなく、彼らが現在それを支配していると否とにかかわりなく、本来（！）彼らの領土であるのが「名」の要請するところだと主張する。ところが、中華人民共和国政権は、現在台湾は彼らの支配の外にあるが、台湾は本来(!)彼らの支配に属するのが「名」の要請するところだと主張し、やがては台湾を「解放」すると、くり返し言明している。いったいどちらの主張する「名」が中国の憲法の「名」として正しいのか。これを客観的に判定する基準は見あたらない。そこにあるものは、「名」と「名」との戦いであり、そのいずれが勝つことが正当であるかを、主観的な政治上の主張や、希望としてではなく、客観的にきめることはとうていできそうもない。

「歴史」や「伝統」によって客観的な根拠を与えられたように見える「名」があちこちにあるといわれる。しかし、よくしらべてみると、それらは、いずれも、実は「名」と「名」との戦いにおいて、勝を占め、そこでの勝利者としての地位を比較的長い期間にわたって維持し続けることに成功した「名」であるにすぎない。

こう考えてくると、天皇主権をもって日本の憲法の「名」だとする見解は、要するに、天皇主権が日本の憲法の原理として望ましいというひとつの政治上の主張にすぎず、それ以上になんらの客観的妥当性をもつものでないことが明らかになる。その見解は、日本の憲法の原理として国民主権が望ましいという見解と、まったく同じ権利をもって対立する。

その一方が「名」または「正名」であり、他が「非名」または「反名」だということはない。そのどちらを勝たせることが「名を正す」ことになるかを、客観的に判定することはできない。かりにその一方が勝ったとしても、——現在までのところ、国民主権論のほうが勝っているようだが、——だからといって、勝ったほうがホンモノの「名」であり、負けたほうがニセモノの「名」だと判断すべき根拠はどこにもない。

相原教授が日本国憲法の効力を否認し、明治憲法の「復原」を主張するのは、たしかにひとつの意見である。しかし、そうした「復原」に反対するのも、同じようにひとつの意見である。かりに明治憲法の「復原」が実行されたとしたところで、それは、「復原」論が勝を占めたというだけの話で、それによって別に日本の憲法の「名」が正されたわけではない。日本国憲法の効力を否認する見解が日本の憲法の「名」に適合しており、それに反対する見解がそうした「名」に背くと断定すべき根拠はどこにもない。それらの二つの見解は、まったく同等の権利をもって、日本の憲法の「名」を援用することができるのである。

五　憲法の「名」はないか

以上において、私は、日本国憲法の効力を否認し、明治憲法の復原を主張する見解だけが、日本の憲法の「名」に適合し、それとちがう見解は、日本の憲法の「名」に背くとする考えを批判し、日本国憲法こそ日本の憲法の「名」に適合するという見解も、それとまったく同じ権利をもって、自らを主張することができると説明した。

このような私の説明は、結局において、憲法について客観的に妥当する「名」――それに従う者は確実に官軍であり、それに背く者は確実に「賊軍」である、――というものの存在を否定することを余儀なくするもののようであるが、はたしてそうであるのか。

私は、従来主張されたような「名分論」に関するかぎりは、相原教授の主張をも含めて、客観的に妥当する憲法の「名」の存在は、否定すべきものだと信ずる。しかし、憲法に関して客観的に妥当する「名」というものが全然考えられないかといえば、決してそうではないと思う。

私の見るところによれば、憲法の「名」というものは、やはり考えられる。憲法がそれに適合しているかぎり、正当な憲法であり、それに背くと不正当な憲法になるという「名」、いわば憲法の正邪曲直を判定する基準になる「名」は、決してないわけではない。

そういう「名」は、しかし、単なる「歴史」や「伝統」からも、また、もちろん単なる「力」

からもうまれては来ない。エチオピアの王室は、今までのところ万世一系で世界の王室のうちでいちばん古いということであるが、だからといって、それだけの理由で、エチオピアの王室に何か特別の価値がみとめられるべきだとはいえない。エジプトでは、古い王朝がたおれて、共和制に変ったが、だからといって、エジプトの憲法が正当なものから不正当なものになったと断ずるわけにはいかない。また、ハンガリーの革命政権がソ連の「力」によってつぶされたからといって、それだけの理由で革命政権が不正当なものであったとはいえない。

それでは、憲法の「名」というものがあるとして、それはいったいどこからうまれるのであるか。そもそも何を根拠として、われわれは、客観的に妥当する「名」を見出すことができるのか。

六「名」の根拠としての宗教

かような「名」の根拠として、まず援用されるのは宗教である。

ここでは、信仰の対象とされる宗教上の「権威」が何が憲法の「名」であるかをきめてくれる。この場合でも、その「権威」が個人の「良心」というようなものであると、何が

「名」であるかがきわめて個人的・主観的にきめられる恐れがあるが、「教会」というような客観的な「権威」がみとめられる場合は、何が「名」であるかは、かなり普遍的・客観的にきめられることができると考えられる。

しかし、いうまでもないことであるが、かような「客観性」には、その本質に伴う限界がある。それは、宗教的信仰に根拠づけられる以上、同じ信仰をもつ人たちの範囲の外にはおよぶことができない。キリスト教徒の「名」と回教徒の「名」とはちがうことがあり、その場合どちらが本ものであるかを決すべき客観的な基準は、ありえない。宗教的「権威」のきめる「名」の客観性は、信ずるものに対してのみ妥当するのであり、信じない者またはちがう神を信ずる者にとっては、なんらの妥当力をもたない。

宗教を根拠として、客観的に妥当する「名」を見出そうとする試みは、この世界に、多くのちがう神々と、それに応じて、いろいろなちがう信者のグループが——そのおのおのが自分の信仰の絶対的真理性を主張しつつ——ならび存しているという事実だけから見ても、成功できないことは、明白である。

七 「名」の根拠としての「うまれ」

ここにいう憲法の「名」の問題は、ヨーロッパ語でいえば Legitimität の問題である。西洋諸国の歴史では、憲法体制の Legitimität の根拠は、しばしばその「うまれ」にあるとされた。フランスで、ブルボン家に「うまれ」た者が、その王位に対する légitime な権利者だと主張されたのは、その例である。Legitimität, légitimité が「正統性」と訳されるのも、そのためであろう。

同じフランスで、近くはヴィシー政権について、それは、形式の上では第三共和制憲法の改正にもとづくものであったが、フランス国民の意志には反して、ナチ・ドイツの武力によっておしつけられたものであるという理由で、それは légal とはいえても、légitime とはいえない、と説明された。ここでの「正統性」も同じ意味である。

結婚していない男女のあいだにうまれた子は enfant légitime（嫡出子）ではないとされるのも、同じ気持にもとづくのであろう。

相原教授が、日本国憲法が「名」を欠くというのも、日本国憲法がその「うまれ」にもとづいて「正統」でない、というにあるのであり、その意味で、その「名」はまさしくここにいう Legitimität にあたる。

憲法の「名」が「うまれ」にもとづくとする見解については、さきに、憲法の「名」が「歴史」と「伝統」によって根拠づけられるとする見解についてなされた批判がそのままあてはまるから、ここでは、くり返さない。かつて、上杉慎吉博士は、国家は、その「うまれ」によって、その価値の高低がきまるといい、自由の理想をかかげてイギリスから独立したアメリカ合衆国の価値は高く、武力による征服などによって成立した国家の価値は低いとのべた。この理論によると、もし神武天皇の東征なるものが武力による征服だったとすると、日本の国家としての価値が低くなりそうで心配であるが、それはともかく、かような標準でアメリカ合衆国の国家としての価値を、他の国にくらべて高いと判定することに客観的根拠を見出すことは、むずかしい。

個々の人間の価値を、その「うまれ」や、「毛なみ」によって判定することに理由がないことは、今日一般に承認されている。国家について、また、その憲法について、その「うまれ」を根拠として、その「名」をきめることも、同じように、理由を欠くというべきだろう。

八「名」の根拠としての「はたらき」

憲法の「名」の根拠は、その「うまれ」にではなく、その「はたらき」に求めなくてはならない。憲法がどう「うまれ」たか、ではなくて、それがどんな「はたらき」をするか、によって、それが「名」に適合するかどうかが決定されなくてはならない。これが、この問題に関する私の考えの根本である。

では、憲法のどのような「はたらき」が、その「名」に適合するとされるか。

この問題を考えるには、どうしても、人間の社会の目的は何か、人生の意味は何か、という世界観・人生観から出発しなくてはならない。しかも、さきにのべたような理由により、宗教的信仰を援用することなしに、考えをすすめなくてはならない。

人間の社会の目的というものがあるとすれば、——もしそれがないということになれば、「名」だの「正当性」だのという問題は、はじめから成り立ちえない——それは、人間の幸福ということをはなれては、考えられない。

人間の幸福とは、何か。これは、古来すべての哲人が問題としたところであり、今なお解決されたとはいえない問題であるが、人間の幸福の最小限度が、人間の「自由」と、そして、それの実質的裏づけとしての人間としての「生存」にあることは、否定できないと思う。人間としての「生存」は、「人間に値する生存」といってもいいし、「健康で文化的な最低限度の生活」といってもいい。人はパンだけで生きるものではない。すなわち、「自由」

は、人間の幸福にとって、欠くことができない。しかし、パンがなくては、人間は生きていかれない。すなわち、最小限度のパンもまた人間の幸福にとって、欠くことができない。

人間の社会の目的がかようなものであるとすれば、すべての人間に対して最小限度の幸福を保障すること、すなわち、国民の一人一人に対して、「自由」と「人間に値する生存」とを保障することが、国家の基本法としての憲法の「名」だといえるのではないか。

こう考えることが許されるとすれば、国民の一人一人に対して、かような意味の最小限度の幸福を保障する「はたらき」をもつ憲法は、「名」に適合する憲法であり、正当性をもった憲法である。これに反して、そういう「はたらき」をもたない憲法は、「名」に背く憲法であり、正当性を欠く憲法である。この意味において、功利哲学者の言葉を借りて、「最大多数の最大幸福」を保障する憲法がもっとも「名」に適合する憲法だということもできよう。

こう考えると、憲法の「名を正す」とは、憲法の「うまれ」の権威(?)を回復することでもなければ、祖先の名誉を高める(?)ことでもなく、すべての国民に対して、「自由」と「生存」とを保障する理想にむかって、憲法を一歩でも前進させることを意味するにほかならない。

九　「自由」と「生存」

ここで説明された憲法の「名」は、従来「自然法」とか、「理性法」とか呼ばれたものと、共通な本質を有する。あるいは、ラートブルッフにしたがって「法律を超えた法」(übergesetzliches Recht) と呼ぶこともできよう。

そのラートブルッフが、「法律を超えた法」について、次のようにのべているのは、特に興味がふかい。

「すべての法的規定よりも強く、それに反する法律は、効力をもたない、というような法的基本原理がある。この原理は、自然法または理性法と呼ばれる。たしかに、それは、ひとつひとつとってみると、多くの疑問にとりかこまれている。しかし、数世紀にわたる努力は、確固たる内容を作りあげ、もろもろのいわゆる権利宣言の中に、非常にひろい範囲の一致をもって集めてあるので、それらの多くに関しては、ただ疑おうと欲する者のみが疑いを提出することができるのである」(Radbruch, Fünf Minuten Rechtsphilosophie, 1945)。

ラートブルッフは、こう考えて、ナチ政権の制定した極度に非人道的は法律に対して、法としての効力を否認した。これは、つまり、彼が、それらの法律をもって「名」を欠くものとしたことを意味するといえよう。

私は、人間社会の目的が人間の幸福にあるとし、最小限度の幸福の内容として「自由」と「生存」とをあげた。ラートブルッフの援用する近代諸国の権利宣言に共通にみとめられている大原理は、すなわち、かような「自由」と「生存」との保障を高らかに宣言したものにほかならない。私のいう憲法の「名」の具体的な内容は、したがって、近代諸国の権利宣言、とりわけその集大成としての世界人権宣言（一九四八年）にもっともよく表現されているということができよう。

憲法の「名」というものは、決してないわけではない。憲法の「名を正す」ということも、ありうる。しかし、憲法の「名」は、「うまれ」や「歴史」や「伝統」によって、決定されるのではなく、ひとえにその「はたらき」によって、すなわち、国民の一人一人に「自由」と「生存」とを保障するという「はたらき」をもつかどうかによって決定されるのである。

〈憲法二十年――私の評価〉

科学の価値

職業科学者の立場

今の社会では、大部分の人は、なんらかの職業をもつことを強制されます。別段の職業をもたず、自分の生活をかせぎとる必要のない人の数は、ごく限られています。憲法が国民の勤労の義務を定めているのも、そういうたてまえを示すものといっていいでしょう。わたしは、このたてまえに従って、科学または学問の研究という職業を選択しました。現在の社会には、わたしにとっては幸いにして、そういう職業の存在が許されているのです。

わたしがこの職業を選択しましたのは、何よりも第一に、わたしが、その仕事――すなわち、科学的な知識を求めること――が大好きだからです。しかし、同時に、その仕事が社会にとって決して無用ではない、と考えたからでもあります。もし、科学の研究が人間の社会にとって、まったく無用であり、ましてや有害であると考えたならば、たとえどんなにそれが好きであったとしても、わたしは、それを職業とするのに大きなためらいを感じたに違いありません。

ところで、いったい、科学というものは、人間の社会で、どういう効用をもつものでしょうか。科学というものは、どのような価値をもつものでしょうか。これは、いちおう、考えてみなくてはならない問題だと思います。

価値のあるなし、または、その大小は、もっぱら比較の問題です。科学に対して全然価値を認めないということはあり得ないことであり、そう考える人も実際にないでしょうが、たとえば、宗教的信仰とか、政治的意見とか、いろいろな趣味とかにくらべて、科学に対してより小さい価値、より低い価値を認める人は、少なくないようです。むかしから、科学の自由または学問の自由をおさえつけることを主張した人たちは、古くは、地動説をおさえつけようとした聖職者たちから、近くは、天皇機関説をおさえつけようとした軍人たちに至るまで、すべてそれに属します。かれらは、科学に対してよりも、その宗教的ないし政治的なドグマに、より大きな価値を認めたのです。

わたしは、科学に対して、すなわち、科学的真理を求める仕事に対して、宗教的信仰や、政治的意見や、いろいろな趣味などに対するよりも、より大きな価値を認めるものです。わたしは、科学の反対物としての反科学、または、知の反対物としての反知ともいうべきものが、なんらの価値をもっていない、と考えるものではありません。ただ、その価値が、科学の価値の上に出るものではない、と考えるのです。

この点については、まず、反科学ないしは反知というものが、この社会において、どのような効用をもつか、をしらべてみる必要があると思います。

不知の効用

いまわたしが反科学ないし反知とよんだところのものは、ここでは、不知ないし無知と呼んでもいいでしょう。言葉のニュアンスの違いが、そこにあるようにも思われますが、ここでの問題に関しては、そういう違いはしばらく無視してよかろうと思います。

不知の効用として、だれでもすぐ思いうかべるのは、「知らぬがほとけ」という言葉でしょう。あることを知らないことは、それを知ることから生ずる苦痛や不満を感じないですむ、という効用をもつ場合があります。

肉体的な痛みを感じさせないために、マスイ薬を用いることがあります。近年のマスイ学の非常な発達のおかげで、病気や怪我や手術に伴う痛みをあまり感じないですむようになったことを、多くの人がよろこんでいます。マスイは、不知……というよりは不感の効用をねらって、不感状態を人為的に作り出します。この場合の不感の効用は、不知の効用と同じ性質のものであります。

肉体的な痛みばかりではありません。精神的な痛み——心のなやみとか、不満不平とかいうもの——についても、同じように、考えられます。薬でそういう痛みをやわらげることもできましょうし、そのほかの方法でそれをやわらげることもできましょう。それらのやり方は、どれも不感ないし不知の効用を利用したものです。

医者は、致命的な病気にとりつかれた病人に対しては、うそをつくことがあります。そうすることによって、真実を知ることから生ずる病人の心身の痛みをすこしでもやわらげようというのです。これが「必要なうそ」(Notlüge) といわれるもので、多くの人によって、道徳的にも是認されています。不知の効用がここで期待されているのです。

宗教がこういう効用を、非常に高い程度において、もっていることは、一般にひろく承認されています。むろん、宗教は、こういう効用をもつためにのみ、存在するものではないでしょう。しかし、かりに、ある人が「死」に対して極度の不安を抱き、つねにそのために苦しみなやんでいるという場合に、しかも、医学のすばらしい進歩にもかかわらず、不老不死の薬がまだ発明されていないという場合に、宗教がその人に対して「たましいの不滅」を教え、「あの世のしあわせ」を説くことによって、かれ、または、かの女に「安心立命」を与えるとまではいかずとも、その「死」に対する不安をいくぶんでもやわらげることができるとすれば、それはかならずしも非難されるべきことではないと思われます。

宗教はアヘンだ、という言葉が、非難の意味で、ときに使われます。しかし、アヘンは人間の生活にとって決して無用なものではなく、反対に、使い方によって、非常に役に立つものです。もしも宗教が、ある場合に、右にのべたような「死」への不安をやわらげる効用をもつという理由で、アヘンだといわれるとするならば、アヘンであることは、すこしも非難されるべきことではないはずです。

「知足安分」的効用

不知は、かように、心身の痛みを感じさせない効用をもつと申しましたが、それと同時に、現状の不備を知り、それを改革する必要を感じ、そのために努力するという意欲を多かれ少なかれ弱める、または、冷やす効用をもつことに、注目する必要があります。すなわち、不知は、ともすると、日本でも封建制の下の道徳として説かれた「知足安分」〔足るを知り分に安んず〕と同じ効果をもちます。あるいは、アンクル・トム的なムードを育てる効果をもつといってもいいでしょうか。

こういったムード——「知足安分」ないしはアンクル・トム的ムード——は、改めて指摘するまでもなく、実際において、現状の下で特権的地位をもっている少数の人たちの利益に仕える効用をもちます。かつての封建的支配者たちは、大衆における無知と無教育をすこしもとりのぞこうとしないで、かえって、そういう無知と無教育の状態をどこまでも維持しようとさえ努力しました。近くは、帝国主義諸国は、本国における無知と無教育をとりのぞくためには相当に努力したにもかかわらず、その支配の下にある植民地の住民に関しては、そういう努力をいっこうにしませんでした。いずれの場合も、そうして温存された無知と無教育とが、「知足安分」的ないしはアンクル・トム的なムードを生み、それが、一般の大衆の利益ではなく、もっぱら少数の特権者たちの利益に仕える効用をもったことは、明瞭だと思われます。

知の効用

これに対して、知は、どういう効用をもつでしょうか。科学は、どんな価値をもつと考えられるべきでしょうか。

知りたい！　これは、人間の本能です。人間はむかしから、かれらをとりまくありとあらゆる事象について、それはいったい何か、という問いを出しました。そして、それを知ろう、としました。どこまでも真実を知ろう、たとえ真実を知ったことによって、不幸がもたらされるとしても、それでも知ろう、としました。そのあげくが、知恵の木の実を食べて、エデンの庭から追放されてしまいました。……科学や学問は、この知ろうという本能から生まれたのです。

人間にそなわる数々の本能を満足させることは、それ自体、人間にとって好ましいことであります。科学は、それが社会にもたらす効果が何であれ、こういう人間の本能を満足させる点において、すでに、人間の社会において、大きな価値をもつということができます。

科学のもたらす多くの知識がつねにすべての人間に幸福を与えるとは、いちがいにいえないかも知れません。一般に、知識がしばしばいろいろな不幸をもたらすことが、指摘されます。しかし、科学がもたらした知識が、人間の生活の各分野において、数えきれないほどの進歩、改善を生み、それらが多くの人間の幸福にすばらしく貢献したことは、ひろく承認されています。

もちろん、こうした「進歩・改善」を進歩とも改善とも見ず、それらが人間の幸福に貢献したことを承認しようとしない人があることを、わたしは、否定しません。しかし、人間の圧倒的な多数が、決してそうは考えず、反対に、そういった「進歩・改善」をたえず強く求めていることは、たしかだと思います。何が人間の幸福であるか、という大問題にかんたんに答えることはむずかしいでしょうが、わたしとしては、根本的な方向としては、そういう多数の人たちの見方ないし考え方に同調したいと思います。そして、そういう幸福に貢献する点において、科学がとくに大きな価値をもつと考えます。

さらに、知の効用としては、とりわけ、さきにのべたような不知の演ずる社会的役割を解明することをあげたいと思います。不知はしばしば、「知足安分」的倫理を生み、アンクル・トム的ムードを育て、それを通じて、少数の特権者の利益に仕える役割を務める、といいましたが、そういう事実は、実際には、不知ないし無知の厚い霧におおわれているのが通常です。その霧を追いはらうのが、まさに科学の仕事です。科学はここで、不知の正体を白日の下にさらけ出すのです。無知がどのように利用されているかをあばくのです。この点では、たとえば、社会科学の領域で行なわれている「イデオロギー批判」(Ideologiekritik)

の仕事などが注目されるでしょう。

わたしの望み

わたしは、知りたい、と思います。あらゆる存在するものの正体を知りたい、と思います。人間の祖先が知恵の木の実を食べてよかった、と思います。

わたしは、知りたい。したがって、知る目がほしい、科学の自由がほしいのです。知るための科学的な研究の結果として、地球が動いているという学説が出てこようとも、人間の祖先がサルの同類だという学説が出てこようとも、神武天皇が実在の人物でないという学説が出てこようとも、……さらにまた、自分の死期が正確に予知できるようになろうとも、地球上の人類がほろびてしまう時期がはっきりわかるようになろうとも、そういう研究の自由に対してなんらの制約が存在しない社会がほしいと思います。

かつては、科学の自由が認められず、政治権力によって、Aの学説が支持されたり、Bの学説が禁止されたり、Cの学説が許容されたり……という時代がありました。現在でも、国によっては、そういう状態が見られるようです。

そういう条件の下では、私たちの知ろうとする意欲は、決して満足させられません。わたしたちは、思想や学説を理由として、さまざまな不利益を受けることのないような社会、権力者や多数者の気に入らない思想や学説をもっても、また、それを表現しても、だれからも叱られずにすむような社会、そして、科学の研究の自由を妨げないばかりでなく、積極的にそういう研究をおしすすめるような条件をそなえた社会を作りたいと思います。

こういう意味の科学の自由が確立している社会こそ、人間の幸福に対して最大の寄与をなすことのできる社会だ、とわたしは考えます。

二つの憲法の比較

ここで、今日の主題である日本国憲法に対するわたしの評価に移りたいと思います。わたしは、ここでは、その評価を、それに先立つ明治憲法との比較において、行ないたいと思います。さきにも申しましたように、評価ないし価値判断というものは、すべて比較の上に成り立つものです。その意味で、絶対的なものではなく、つねに相対的なものであります。戦後二十年にわたって日本の政治を支配してきた日本国憲法を評価するにあたっては、それに先立って戦前半世紀以上にわたって日本の政治を支配した明治憲法との比較において行うのは、きわめて当然と考えられます。

ところで、反科学と反知との効用と科学と知との効用とについて、今までに申しあげましたところからいって、明治憲法との比較における日本国憲法に対するわたしの評価は、すでに明白だろうと考えます。

日本国憲法は、思想および良心の自由、信教の自由、表現の自由、学問の自由などを基本的人権として、保障しています。明治憲法が、これらの自由を、日本国憲法と同じ意味においては、保障していなかったことは、皆さん御承知のとおりです。日本国憲法におけるこれらの自由の保障がどのくらい実質的なものであるか、はもちろん大いに問題ですが、それでも、明治憲法にくらべて、はるかに実質的にまさっていることは、確実だと思います。

日本国憲法は、さらに、いわゆる生存権を保障し、その担保としての労働三権を保障し、社会保障を国の義務と定めています。各種の自由は、生存権の裏うちがあってはじめて現実的なものになるのです。その裏うちを欠く自由は、単に紙の上に書かれた自由にすぎないでしょう。「健康で文化的な最低限度の生活」にこと欠く人たちにとっては、思想および良心の自由ないし学問の自由などは、あまり意味をもたないに違いありません。

わたしは、日本国憲法が、勤労の義務を定め、国民はひたいに汗してかれらのパンを食べるべきものとするとともに、国民が生存への権利をもつことを認め、勤労の権利を定めていることに、とくに注目したいと思います。日本国憲法は、そうした生存権と勤労の権利を確保するために、一方で、社会保障を国の義務とするとともに、他方で、いわゆる労働三権を保障しています。明治憲法には、まったく見られなかった姿勢です。これによって、勤労する者の生活向上のための各種の努力が、戦前にくらべて、はるかに実効的になったことは、明白です。

もちろん、こういう自由権の保障や、労働権の保障の実現には、多くの技術的なむずかしさがあります。また、その実際においては、多かれ少なかれ行きすぎが出てくることもありましょう。表現の自由を乱用して、ワイセツ文書が「芸術」の扮装をつけて顔を出すこともあれば、また、憲法秩序を破壊するような暴力行動が、労働権を乱用するなどというようなことも、ないとはいえないでしょう。しかし、わたしたちがいちばん警戒すべきことは、それらの行きすぎに対する抑制が、意識的に、または、無意識的に、民主主義的な政治体制そのものの根を弱めるという効果をもつようになることです。

戦争の子

日本国憲法は、戦争の子です。しかも、負けいくさの子です。その誕生が、負けいくさに由来する国際的な圧力によっておしすすめられたことは、否定できない事実です。戦争がもし勝ちいくさだったとしたら、……かりに、明治憲法に代わる新らしい憲法が作られたとしても、それはおそらく、現在わたしたちのもっている日本国憲法とは、非常に違ったものになったでしょう。その憲法が、いつの日にか、日本国憲法のような民主主義的な中味のものに変わることがあるかどうか分かりませんが、かりにあるとしても、それは現在よりははるかに遠い先のことではないか、と思われます。この意味で、日本国憲法が負けいくさの子であるという事実は、それを明治憲法にくらべて高く評価するわたしたちにとっては、まことに歴史の皮肉といわなくてはなりますまい。

日本国憲法がかような事情の下に生まれたことは、たしかにその弱味でありましょう。ひ弱な生まれつきというべきかも知れません。しかし、その誕生にあたって、国民の圧倒的な多数は、このひ弱な乳のみ子を心から祝福しました。その草案がはじめて発表された直後の総選挙およびそれにもとづく衆議院のそれに対する態度は、それを実証していると思います。

それから二十年。いわばガラス箱の中で育てられた乳のみ子は、国民の不断の支持という栄養のおかげで、たくましい若者に生長したようです。その誕生に際して見られたひ弱さは、今やしだいに姿を消し、あらゆる反民主主義的なビールスの侵略に対して、かなり強い抵抗力をもつようになりました。それだのに、誕生のとき、あのように盛大に祝ってくれた政府、憲法普及会まで作ってその宣伝に力を入れてくれた政府のこの憲法に対する愛情は、いつのまにか、うすらいだらしく、近年はいっこうに誕生日を祝ってくれません。そのうちに、憲法記念日よりはむしろ紀元節を祝うことになりそうな気がします。何とも残念なことです。

わたしの評価

わたしは、わたしの職業の立場からいって、日本国憲法を、明治憲法にくらべて、高く評価するといいました。しかし、そういう立場を超えて考えても、日本国憲法を、明治憲法にくらべて、高く評価します。それは、日本国憲法が、明治憲法にくらべて、はるかに大きく人間の幸福に寄与すると考えるからです。

わたしは、幸福というものが、相当に主観的なものであることを承認します。たとえば、富よりも貧しさを幸福と考える人が存在することを否定しません。貧しさに由来する生活上のいろいろな条件に不満をもち、それを直そうと努力することを、物質主義などと軽視する人があることも知っています。しかし、「貧しき者はさいわいなり」という教えが古くからひろく説かれているにもかかわらず、しかも、貧しくなることは今の社会では少しもむずかしいことではないにもかかわらず、実際において、貧しくなろうと努力する人がほとんどない、という事実にも、じゅうぶん注目したいと思います。

わたしは、与えられた社会における多数の通常の人間が望んでいる幸福の増大に役立つことが、民主政治の目的だと思います。そして、その目的のために、知る自由・科学の自由が、不知の自由または無知の自由にくらべて、はるかに大きく役立つと信じています。

わたしが、職業科学者としての立場から、科学の自由を保障する日本国憲法を、明治憲法との比較において、高く評価するゆえんであります。

著者略歴
宮沢 俊義(みやさわ としよし)
1899 年 3 月 長野県長野市に出生。
1923 年 3 月 東京帝国大学法学部政治学科卒。
1925 年 4 月 東京帝国大学助教授。
1934 年 1 月 東京帝国大学教授。
1949 年 10 月 日本学士院会員。
1959 年 3 月 東京大学を定年退職。
1959 年 4 月 立教大学法学部教授。初代法学部長。
1965 年 日本野球機構コミッショナー。
1969 年 3 月 立教大学を定年退職。11 月 文化功労者。
1976 年 9 月 東京にて死去。

あたらしい憲法のはなし 付載七篇
叢書:風にそよぐ葦 1

2016 年 6 月 18 日 初版第 1 刷発行

著 者 宮 沢 俊 義
発行者 佐 藤 康 之
発行所 ㈲三 陸 書 房
神奈川県鎌倉市今泉台七丁目 16-6
Tel: 0467-53-7831 Fax: 0467-53-7841
E-mail: desk@sanriku-pub.jp
URL: http://www.sanriku-pub.jp/
振替 00100-3-86999 / 〒247-0053

印刷 精 興 社
製本 東和製本

ISBN978-4-921091-12-5